METRO
POLITAN

W0012775

Brigitta Lorenzoni

Wie Sie sich selbst zum Star machen

Ihre typgerechte Selbstpräsentation
in Beruf und Öffentlichkeit

Metropolitan Verlag
Düsseldorf · München

Die Autorin
DR. BRIGITTA LORENZONI studierte Theater-
wissenschaft und Publizistik und ist »Österreichs
Shooting-Star im Personality-Coaching« (Meeting).
Sie ist Mitbegründerin der *CommEnt Consulting
Group* in Wien

Die Deutsche Bibliothek – CIP-Einheitsaufnahme
Lorenzoni, Brigitta:
Wie Sie sich selbst zum Star machen : Ihre
typgerechte Selbstpräsentation in Beruf und
Öffentlichkeit / Brigitta Lorenzoni. – Düsseldorf ;
München : Metropolitan-Verl., 1996
ISBN 3-89623-072-7

Copyright © 1996 by Metropolitan Verlag GmbH,
Düsseldorf, München
Alle Rechte vorbehalten.
Umschlaggestaltung: Init GmbH,
Büro für Gestaltung, Bielefeld
Satz: Heinrich Fanslau GmbH, Düsseldorf
Druck und Bindearbeiten:
Bercker, Graphischer Betrieb GmbH, Kevelaer
Pinted in Germany
ISBN 3-89623-072-7

Verlagsverzeichnis schickt gern:
Metropolitan Verlag,
Uhlandstraße 50, 40237 Düsseldorf
Compuserve 100761.222
http://www.metropolitan.de/metropolitan/

Inhalt

Vorhang auf für den WAY TO ACT

Teil II

Vorwort

Sicherlich haben Sie sich schon manchmal gefragt, was eigentlich einen »Star« zum »Star« macht. Oder warum mancher Politiker mehr Erfolg hat als ein anderer.

In diesem Buch will ich Sie in die Kunst der 24 WAYS TO ACT einführen, will den Zusammenhang zwischen Schauspiel und Lebensbewältigung verdeutlichen und aufzeigen, wie Sie Ihre Biografie zu einer persönlichen Erfolgsstory machen können – wie Sie sich selbst zum Star machen.

Im Mittelpunkt meiner Überlegungen steht *das Prinzip der Selbstgestaltung*. Es soll dazu dienen, aus bewußten Verhaltensmodifikationen, dem äußeren Erscheinungsbild und all dem, was in uns steckt, eine Gesamtheit zu machen. Denn jede gezielte Selbstgestaltung kann nur erfolgreich sein, wenn sowohl die individuellen Merkmale berücksichtigt werden als auch der innere Antrieb und die Erfordernisse, die von der gesellschaftlichen bzw. theatralen Rolle ausgehen.

Zu diesen Erkenntnissen gelangte ich über meine jahrelange Beschäftigung mit Schauspiel und Schauspielausbildung. Am Beginn stand die Frage, was macht denn nun einen Schauspieler zu einem Star? Warum wirkt der eine auf der Leinwand, während der andere stets unauffällig und in Nebenrollen auftaucht.

Doch eine gute Figur zu machen ist nicht nur auf die Unterhaltungsbranche beschränkt. Ganz im Gegenteil: Sich zu geben ist eine grundlegende Eigenschaft des menschlichen Verhaltens, die allerdings im Schauspielen ihre Vollendung gefunden hat. Deshalb ist der Vorgang des Schauspielens auch ohne irgendwelche Anleitungen für alle Zuschau-erInnen verständlich.

Um Ihre Starqualitäten zum Vorschein zu bringen, um sich selbst typgerecht zu präsentieren, müssen Sie sich bewußt sein, daß Ihr Handeln nicht nur von einer Situation und Gefühlslage bestimmt ist, sondern von dem inneren Bestreben ein bestimmtes Lebensgefühl zu erreichen.

Nach einer allgemeinen Einführung in Kapitel Eins widme ich daher das zweite Kapitel dieses Buches ganz den Stars der Leinwand. In Kapitel Drei stehen dann Sie, liebe Leser-Innen im Mittelpunkt. Ich zeige Ihnen, wie Sie Ihren inneren Antrieb erkennen und in welchen Strategien Sie Ihren persönlichen WAY TO ACT finden. Und damit können Sie sich dann dem Zweiten Teil des Buches zuwenden, der die 24 WAS TO ACT im Detail beschreibt und die Möglichkeiten aufzeigt, mit dieser Selbstgestaltungsstrategie auf der Bühne des Lebens erfolgreich zu sein.

Dr. Brigitta Lorenzoni
Wien, September 1996

Teil I

Antrieb und Verhalten

Dem inneren Antrieb folgen

Jedem Handeln liegt ein bestimmter Antrieb zugrunde. Die Art und Weise, wie wir etwas tun, hat unabhängig von der Situation, der wir gerade ausgesetzt sind, oder der Stimmung, in der wir uns gerade befinden, einen ganz persönlichen Ausdruck. Wenn wir z. B. mit einem Gegenstand hantieren, verhalten wir uns so, wie es unserem innersten Wesenskern entspricht. Wir ermöglichen es uns dadurch, ein ganz bestimmtes Lebensgefühl unmittelbar über die Körperbewegung zu spüren. Es ist also ganz und gar nicht zufällig, wie sich jemand bewegt, während er etwas tut.

Beobachten Sie sich einmal selbst, wie Sie Ihren Mantel ablegen, wenn Sie nach Hause kommen. Mag schon sein, daß Sie ausnahmsweise alles fallen lassen, weil Sie hundemüde sind. Normalerweise aber hängen Sie Ihr bestes Stück auf einen Bügel, streichen es vielleicht noch einmal glatt und entfernen einen Fussel, bevor Sie sich anderen Dingen zuwenden. Wenn Sie so handeln, werden Sie sich selbst ein Gefühl von Ruhe und geordnetem Leben geben. Sie signalisieren sich dadurch innere Sicherheit, eine Sache abgeschlossen und ihr Leben in der Hand zu haben. Oder gehören Sie zu dem Typ, der schwungvoll die Wohnungstür aufreißt, alle Aktentaschen und sonstige Bepackungen weit von sich wirft und sich mit einem Ruck den Mantel samt Schal und Mütze vom Leib reißt und über die nächste Sessellehne wirft? Hier wird automatisch ein Gefühl von Tempo und Aktivität vorhanden sein, auch wenn

Sie sich dessen nicht augenfällig bewußt sind. Sollten Sie gerade schlechter Laune sein, wird aus der Schnelligkeit vermutlich Hektik werden, und ein zu ungestümes Entkleiden werden Sie vielleicht mit einem abgerissenen Knopf büßen müssen – aber das Textil auf einen Bügel zu hängen, gleich nachdem Sie nach Hause gekommen sind, das wäre nie und nimmer das Ihre. Sie hätten dabei das Gefühl, gebremst und eingeengt zu sein. Wir handeln immer so, wie es unserem innersten Wesenskern entspricht, weil wir nur so eins sein können mit uns selbst, weil wir gar nicht anders können und uns nur dann wohlfühlen.

Die Antriebsfeder vibriert

In den 70er Jahren gab es in der Rudi-Carrell-Fernsehshow einen Sketch. In diesem Sketch wurde das Publikum nachgeahmt, wie es aus dem Kino kommt, wo es gerade seinen Lieblingsschauspieler gesehen hat. Die Fans von Clint Eastwood hatten ein unnahbares Pokerface aufgesetzt und gingen breitbeinig aus dem Foyer, als wollten sie sich, nachdem sie die Saloon- bzw. die Kinoeingangstür krachend hinter sich zufallen lassen hatten, gleich auf ihre gesattelten Pferde schwingen. Wem es Vivien Leigh angetan hatte, schritt kindlich-graziös, mit dem Glauben an ihre innere Magie, aus dem Haupteingang. Und wer gerade Jean Paul Belmondo erlebt hatte, wie er wieder einmal vor einer Feuersbrunst davonhechtet, konnte nicht anders, als dem nächsten Mistkübel, der den Weg versperrte, einen gezielten Tritt zu versetzen.

Allein das visuelle Erleben eines bestimmten Schauspielstils, der dem eigenen inneren Antrieb entspricht, versetzt in eine ähnliche Stimmung, die sich in der Körperbewegung ausdrückt.

Antizipation, gedankliche Vorwegnahme, löst beim Zuschauer in etwa dieselben Empfindungen aus, wie sie der Schauspieler während seines Spiels erlebt. Beide genießen es also gleichermaßen, wenn z. B. durch die Muskelanspannung die eigene Körperkraft gespürt wird. Was der Schauspieler unmittelbar erlebt, äußert sich beim Zuschauer indirekter. Was den Schauspieler für das Publikum attraktiv macht, steht in Zusammenhang mit der Suggestion, auf der (dem ideomotorischen Gesetz zufolge) Körperbewegungen beruhen. Deshalb neigen Zuschauer, wenn sie das Kino verlassen, dazu, den charakteristischen Bewegungsablauf der Protagonisten anzunehmen.

Erfolgreich sein auf der Bühne des Lebens

Wer seinem inneren Antrieb zuwider handelt und seine Anlagen ins Gegenteil verkehrt, entzieht sich selbst die Lebenssubstanz. Er wird stets nur eine Nebenrolle auf der Lebensbühne spielen und auch den Schlüssel zur Lebensqualität verlieren.
Erfolgreich ist also derjenige, der seinen inneren Antrieb erkennt, ihm folgt und danach handelt.
Dieses Erkennen seines Antriebes erfolgt nach einem bestimmten System, das jedes Verhalten in eine bestimmte Kategorie ordnet. Dieses Buch beschreibt das System, erläutert die Kategorien und ermöglicht es somit jedem Leser und jeder Leserin, aus einer Quelle zu schöpfen, die sie zu einem Star auf der Bühne des Lebens machen kann.

Der WAY TO ACT

Die Methode, mit der wir uns im folgenden genauer beschäftigen werden, nennt sich 24 WAYS TO ACT. Sie beschreibt die Art und Weise, *wie* wir etwas tun.
Betrachten wir einmal unseren Bekanntenkreis. Da gibt es Sandra, in ihrem Verhalten eine echte BEAUTY. Und so nennt sich auch einer der 24 WAYS TO ACT. Ein Beauty trägt sogar den Müll mit einer gewissen Hingabe zu den Mülltonnen. Monika hingegen, eine wahre ACTION PLAYerin, reißt

den Müllsack an sich, stürmt aus dem Haus und knallt ihn in die Tonne. Ist sie einmal wütend, zerreißt der Sack, oder sie schleudert die Bestandteile einfach durch die Gegend, bei innerlichem Schönwetter spielt sie garantiert damit Korbwerfen. Ungeachtet ihrer momentanen Laune wird aber stets eine gewisse Dynamik mit ihrer Handlungsweise einhergehen, die für das ACTION PLAYING charakteristisch ist.

Schauspieler als Vorbild

Wie wir also sehen, verhalten sich Menschen in gleichen Situationen unterschiedlich, weil ihr innerer Antrieb verschieden ist. Machen wir eine Anleihe bei den großen Schauspielern, denn sie sind in einer besonderen Situation, in der sie uns einiges voraus haben. Sie befinden sich aufgrund ihres Berufs in einem Freiraum, in dem sie Dinge tun können, die wir im Alltag mit dieser Konsequenz und Radikalität unmöglich genauso machen könnten. Ihr Beruf ist sozusagen gerade dadurch definiert, daß sie sich ungestraft »aufführen«, also die Gepflogenheiten des allgemein üblichen Benimmkodex überschreiten dürfen. Aus diesem Grund ist das Verhalten von Schauspielern eine ideale Vorlage, die wir uns zunutze machen werden.

Schauspielen ist in diesem Sinn auch nicht als Kunstform zu betrachten, sondern als geläufiges Verhaltensmuster, das auf der Bühne und im Film nur etwas überzeichneter vorkommt.

Als LEAD HEAVY z. B. hat der Schauspieler die Möglichkeit, sich alle Attribute eines Kriegers anzueignen, ohne diese tatsächlich in einem Kampf einsetzen zu müssen. Er kann seine Muskeln spielen lassen, ohne sich mit einer Situation konfrontieren zu müssen, in der das Überleben nur von Körperkraft abhängt.

Der Bühneneffekt

Dieser Effekt läßt sich an den geborenen Schauspielerper-sönlichkeiten beobachten, die dieses Verhalten intuitiv ein-setzen. Niemandem ist dieses Phänomen des Bühnenef-fekts vertrauter als den Größen des Showbusiness. Der amerikanische Filmschauspieler Robert de Niro hat, sobald es »Action« hieß, in Filmen wie »Taxi Driver«, »Raging Bull« oder »Once upon a Time in Amerika«, seine Figuren mit unvergleichbarem Charisma und enormer Vielschichtigkeit ausgestattet. »Out of charakter«, wenn er also nicht gerade eine Rolle verkörpert, wirkt er absolut unauffällig. Nicht umsonst spricht man von ihm als dem Chamäleon, denn bis heute ist es ihm möglich, sich unauffällig und unbehelligt auf den Straßen New Yorks zu bewegen.

Aber auch Menschen außerhalb des Showbusiness ist die-ses Phänomen vertraut. Sie wirken im Alltag eher unschein-bar, manchmal sogar etwas unbeholfen, aber in dem Augen-blick, in dem sie vor Publikum treten, entwickeln sie Char-me und Schlagfertigkeit, die man ihnen kaum zugetraut hät-te. Im Rampenlicht, und sei es nur im Rahmen einer Betriebsfeier, können sie plötzlich ungeahnte Fähigkeiten entwickeln und genießen es auch, diese zu präsentieren.

Gestaltetes Verhalten

Dieses Verhalten läßt sich gezielt einsetzen. Sobald Schau-spieler, aber ebenso auch Politiker oder andere Personen des öffentlichen Lebens, vor Publikum oder auf eine Bühne treten, beginnen sie ganz bewußt, ihr Verhalten auf sich zurechtzuschneidern. Wenn sie ein Podium betreten, *geben sie sich* auf eine bestimmte Art und Weise.

Dieser Vorgang, etwas aus sich zu machen, ist uns durch-aus vertraut. Gängige Redewendungen des alltäglichen Sprachgebrauchs wie »Haltung bewahren«, »in Form sein«, »gute Figur machen« und »Farbe bekennen« oder einen bestimmten »Standpunkt einnehmen« weisen darauf hin.

Dem Magier David Copperfield ist der internationale Durchbruch erst gelungen, als er seine Persönlichkeit entsprechend nach außen präsentieren konnte, indem er sich mit »Male Power« ausstattete und die Macht der Zauberei und Erotik miteinander verknüpfte. Augenbrauen und Wimpern wurden verdichtet und schwarz gefärbt, um den beschwörend betörenden Blick zu betonen, der sowohl die Suggestivkraft von Macht als auch das Begehren der Erotik signalisiert. Seine Bewegungen sind so choreografiert, daß sich eine wahrlich potente Mischung aus kraftvoller Geschmeidigkeit als auch eindringlicher Bestimmtheit ergeben. Der willenlose, schwerelose Zustand seiner Assistentinnen ist demnach die logische Konsequenz.

Das Starprinzip

Alle SchauspielerInnen gestalten ihr Verhalten, geben sich. Was aber macht nun einen Schauspieler zu einem *Star,* denn die Stars sind es ja, an denen wir uns orientieren wollen.

Arnold Schwarzenegger, beispielsweise, der sich in seinen Aufrufen zu einer gesünderen Lebensweise durch mehr Sport stark macht, verhält sich dabei genauso wie in seinen Filmen. Indem er mit beiden Beinen fest auf dem Boden steht, beweist er nicht nur physische Standfestigkeit, er signalisiert damit auch die Standfestigkeit seiner Argumente. Wenn er »I'm here to pump YOU up« wie einen Schlachtruf ins Stadion dröhnen läßt, setzt er seine Stimme mit der selben Vehemenz ein, wie wir es von ihm als Schauspieler kennen. Alles andere wäre einfach nicht Arnold Schwarzenegger. Oder können Sie sich vorstellen, jemand seines Typs würde auf einmal außerhalb seiner Filmrollen völlig anders, sagen wir etwa wie Woody Allen agieren? Wohl kaum. Es würde weder seiner körperlichen Erscheinung noch seiner Wesensart – und das ist der entscheidende Faktor – entsprechen. Oder anders gesagt: *Jeder muß in*
18 *seinem WAY TO ACT leben, um Starqualität zu erreichen.*

Wenn Sie diesem Prinzip folgen, soll es ihr Ziel sein, kein anderer zu werden, sondern zu erkennen, daß der Weg zur Starqualität genau darin liegt, kompromißlos den eigenen Stärken zum Durchbruch zu verhelfen.

Stars des Öffentlichen Lebens

Sehen wir uns doch einmal in der Politik um. Auch dort sind nur jene PolitikerInnen erfolgreich, die sich dieses Prinzip der Selbstgestaltung zu eigen gemacht haben. Jene, die sich gewandt auf den Bühnen der Welt bewegen, verstehen es, ihre spezifischen Bewegungsmuster, nämlich genau jene Art von Handbewegungen, Blicken, Sprechrhythmus, die zu ihnen paßt, einzusetzen. Sie benützen gezielt die Ausdrucksformen, die ihre Persönlichkeit ausmachen. Sie haben also ihren WAY TO ACT gefunden.

Nehmen wir als Beispiel den amerikanischen Präsidenten, Bill Clinton. Zu seinem Verhaltenstyp gehören Leichtigkeit, spielerischer Optimismus und Unbeschwertheit. Bei Bill Clinton drückt sich diese innere Einstellung in einer unverkrampften Körperhaltung aus, wenn er hinter seinem Rednerpult oder seinen Staatsgästen gegenüber steht. Seine Hände sind meist locker ineinander gelegt, die Stimmodulation hat etwas von heiterer Gelassenheit. So hat es zu seiner Wahlkampfstrategie auch ohne weiteres gepaßt, immer wieder das Saxophon hervorzuholen und die Politik mit ein bißchen amerikanischem Jazz anzureichern. Bill Clintons Haltung hat sich selbstverständlich auch in seiner Art, Politik zu machen, niedergeschlagen. Er hat damit signalisiert, daß hier jemand kommt, dessen Politik kompromißbereiter und humanitärer sein würde als die seines damaligen Gegenspielers Ross Perot. Das Ausstrahlen von wohlwollendem Optimismus hat ihm letztendlich die Präsidentschaft gebracht.

Sich selbst treu bleiben

Es passiert überaus häufig, daß Politiker und Manager versuchen, Erfolgsrezepte nachzuahmen, ohne den inneren Antrieb der eigenen Persönlichkeit zu berücksichtigen. Doch was für den einen ideal ist, kann den anderen schlichtweg ins Desaster führen. Denken Sie beispielsweise an Madeleine Petrovic, die Bundessprecherin der Grün-Partei im österreichischen Wahlkampf 1995. Von den Elementen, die ihre Persönlichkeit eigentlich ausgemacht hätten, nämlich Bodenständigkeit, Verwurzeltsein mit der Natur, Erdverbundenheit, ist nichts übriggeblieben. Statt dessen wurde sie zur uniformen zeitgeistigen, dynamischen Businessfrau gestylt, ein auswechselbarer Frauentyp, irgendwo im Trend liegend, aber ohne ihre persönliche Note zum Ausdruck bringen zu können. Prompt hat sie die Wahlen haushoch verloren, wenngleich man gerechterweise vermerken muß, daß das wohl nicht der einzige Grund war.

Sie sehen also, wie wichtig es ist, sich nicht nur mediengerecht zu trainieren, sondern auch seine Wesenszüge in Form zu gießen, seinen WAY TO ACT umzusetzen. Das kann mit Hilfe eines gezielten Trainings erfolgen.

Vor einiger Zeit kam eine junge Frau zu mir zum Training, eine leitende Angestellte einer Textilfirma, die einen Abend lang eine Modenschau moderieren sollte. Eine Aufgabe, die ihr schon einmal übertragen worden war, wobei sie sich damals aber ganz und gar nicht wohl gefühlt hatte. Sie erzählte, daß sie an jenem Abend sehr um Seriosität bemüht gewesen sei und den Eindruck einer großen Gala hatte vermitteln wollen. Sie sei anschließend recht unzufrieden mit sich selbst gewesen, weil sie ihren eigenen Vorstellungen, wie sie sich verhalten sollte, nicht gerecht geworden sei. Ihre Ansagen hätten zu steif und förmlich gewirkt, um eine gute Stimmung zu erzeugen, alles sei ein wenig schwerfällig und erzwungen geworden.

Wieso konnte ihr das passieren, wo lag der Fehler? Und wie wurde er korrigiert? Im Grunde ihres Wesens ist diese Frau fast etwas burschikos, der Typ einer Abenteurerin. Ihr Verhalten an diesem Abend hätte eher jemandem entsprochen, der Eleganz und eine gewisse Vornehmheit zu seinen Eigenschaften zählt. Aus der Vorstellung heraus, so sein zu müssen, hat sie ihren eigenen Antrieb unterdrückt und gegen ihr Wesen gehandelt. Das konnte nicht gut gehen. Wir korrigierten für ihre nächste Präsentation ihr Verhalten dahingehend, daß wir die Bewegungselemente herausfilterten und bewußt in den Auftritt einbauten, die ihrem Temperament gerecht wurden. So wurde sie z. B. trainiert, nicht mehr an einem Ort stehenzubleiben, sondern sich mit einem beinahe tänzelnden Gang über die Bühne zu bewegen. Die Handbewegungen, die vorerst wie ein Zeigestab auf das nächste Modell wiesen, wurden zu einer musikalischen Geste, als ob sie die Modelle dirigieren würde. Und die Stimme, die zuvor noch versteinert geklungen hatte, behielt auf einmal die Schalkhaftigkeit, wie ich sie aus unseren Arbeitsgesprächen so gut kannte.

Der Trainingseffekt

Wie ein Schauspieler, der zumeist seine Karriere mit einer Ausbildung beginnt, kann jeder seinen Erfolg trainieren. Der Schauspieler lernt in der Schauspielschule, sich eine Rolle anzueignen. Und ebenso können auch Menschen in Öffentlichkeit und Beruf lernen, sich ihre Rolle maßzuschneidern. Sie benützen dazu gezielt die Ausdrucksformen, die ihre Persönlichkeit ausmachen. Treten sie dann ins Rampenlicht, werden sie niemand anderer sondern zeigen einen Teil ihrer selbst. So wie es in konzentrierter, geradezu überdeutlicher Form die Schauspieler tun, die uns aus diesem Grund auch als Vorbild dienen.

Qualität statt Quantität

Was uns allerdings der Schauspieler voraus hat, ist die Möglichkeit, in unterschiedlichsten Rollen zu agieren. Um in

WAY TO ACT | jeder dieser Rollen zu überzeugen, muß sich der Schauspieler dazu die verschiedenen WAYS TO ACT aneignen. Oft genügt es aber auch schon, seinen WAY TO ACT in *einer* Rolle zu perfektionieren, um ein Star der Leinwand zu sein. Es stimmt daher nicht, daß einzig und allein die emotionale Bandbreite die Qualität eines Schauspielers ausmacht. Nach diesen Kriterien würde ein Vergleich der schauspielerischen Leistungen von Arnold Schwarzenegger und Dustin Hoffman zum unverdienten Nachteil Arnold Schwarzeneggers ausfallen. Dabei macht gerade die roboterhafte Gleichförmigkeit Schwarzenegger zur Idealbesetzung des »Terminators«.

Was richtig ist, bestimmen Sie

Wer sich also für den Auftritt in der Öffentlichkeit trainieren will, sollte sich nicht auf altbekannte »Does and Dont's« beschränken, sondern seinem individuellen Typus entsprechen. Profitips sind nur dann angebracht, wenn die spezifischen Eigenarten des einzelnen berücksichtigt werden.

Eine Klientin von mir mußte den Jahresabschlußbericht einer Firma vor großem Publikum präsentieren und war einigermaßen verzweifelt, nachdem sich Hinweise eines alten Hasen für sie als völlig unbrauchbar erwiesen hatten. Man hatte ihr eingeredet, sie solle doch lebhaft agieren, Witze reißen, die Zuhörer »ein bißl mit Schmäh nehmen«, was den Wienern doch angeblich so leicht fiele. Meine Klientin ist aber keineswegs der Typ des COMICS PLAYers, sondern eine junge Architektin, für die eher die Strategie des LADY-LIKE geeignet ist: Ihr Thema zurückhaltend und sachlich, aber mit reserviertem Charme vorzutragen. Das erwies sich als genau die Verhaltensstrategie, mit der sie sich wohlfühlt, die ihrem innersten Wesen entspricht und mit der sie schließlich auch erfolgreich wurde.

Die ganze Welt ist eine Bühne

Im vorigen Kapitel habe ich die Vorbildfunktion der Schau-spielerInnen aufgezeigt. Nun werde ich auf den Zusammen-hang zwischen Schauspiel und Lebensbewältigungsstrate-gien eingehen und auf dieser Basis das Prinzip der WAYS TO ACT genauer erläutern. Kehren wir noch einmal zurück in die

Freiräume des Schauspielens

Kein Schauspieler wählt diesen Beruf ohne inneres Engage-ment. »Schauspielen hat mir die Freiheit gegeben, die ich verzweifelt suchte, als Schauspielerin konnte ich mich aus-drücken«, so erklärt Jodie Foster ihr grundlegendes Motiv. Die spezielle Kommunikationssituation, in der sich der Schauspieler befindet, eröffnet ihm Freiräume, die ihm in der Alltagskommunikation versagt bleiben. Das Set im Film-studio fungiert als Spielplatz, auf dem die Regeln der Sozia-lisation ungestraft unterlaufen werden dürfen.

Wenn Alec Guiness in »Adel verpflichtet« (GB, 1949) stän-dig seine Identität wechselt, dann kann er das tun, ohne sich und das Publikum dabei in eine Rollenkonfusion zu ver-stricken. Sich im Alltag stets als jemand anderer auszuge-ben wäre höchst verwirrend. Derartiges Verhalten würde innerhalb der sozialen Norm als schizophren stigmati-siert.

Mit seiner regressiven Spielweise desavouiert Jerry Lewis die Gesetze der Erwachsenenwelt. Gegen jede praktische

Vernunft, berechnende Logik und Beherrschung erweist er dem Kind in uns seine Reverenz. Kein Wunder also, wenn Jerry Lewis meint:»Schauspieler gehören zu einer sonderbaren Art Mensch. Alle sind neun Jahre alt; bei neun sind sie stehen geblieben. (...) In der Mehrzahl sind sie in ihrer Kindheit eingeschlossen wie die Fliegen im Bernstein. (...) Wenn ich jetzt als Schauspieler spreche: Wir haben ein überentwickeltes Ich und neigen zu der Ansicht, daß jede unserer Schwächen eine Rechtfertigung unserer Neurosen ist. So machen es Kinder. Wäre der Schauspieler wirklich erwachsen, im strengen Sinn des Wortes, könnte er nicht spielen. Er tritt auf, weil er es braucht; er muß sich ausdrücken, er muß gehört werden.«

Sich gänzlich zu maskieren und damit die Grenzen der physischen Dimensionen aufzubrechen und plötzlich als artfremdes Wesen zu erscheinen ist in der realen Welt ebenfalls undenkbar. In »Spaceballs« (USA, 1987) schrumpft Mel Brooks zum Winzling, mit grüner Gesichtsfarbe und Spitzohren à la Mr. Spok. Und er hat dabei die Sicherheit, nach Drehschluß unverändert wieder Mel Brooks zu sein.

Nun werden Sie einwenden, daß sich Ihr Leben nicht auf einem Filmset abspielt. Sie haben vollkommen recht. Aber auch Sie spielen im täglichen Leben eine Rolle. Und je nachdem, wie überzeugend Sie darin sind, um so erfolgreicher werden Sie sein. So wie ein Schauspieler, der dann überzeugt, wenn er seine innere Erlebniswelt intensiv und ohne kontrollierende Instanz des Intellekts nach außen trägt. Das führt uns zur

Allgemeingültigkeit des Schauspielens

Die Chance, die uns das Schauspielen zu bieten hat, besteht darin, die Art und Weise, in der eine Frau oder ein Mann sich gibt, zu kultivieren und den eigenen Antrieb in eine Form zu gießen, die allgemeine Gültigkeit besitzt.

Schauspielen als Selbstgestaltungsprinzip ist keine Kunstform, ist nicht willkürlich entstanden. Es beruht auf verschiedenen Formen des Alltagsverhaltens und hat seine Grundlage in anthropologischen, psychologischen oder soziologischen Verhaltensweisen. Das ist auch der Grund, warum wir den Vorgang des Schauspielens als etwas grundsätzlich Bekanntes identifizieren und prinzipiell verstehen können. Der WAY TO ACT des HOMO LUDENS beispielsweise hat als Hintergrund ein Verhaltensmuster, das umgangssprachlich als »das Kind im Manne« geläufig ist. Mit dieser Spielweise wird immer eine gewisse Unbekümmertheit und Leichtigkeit einhergehen. Ein Schauspieler, der seine Rolle in diesem WAY TO ACT anlegt, kann den Schalk und die frivole Verspieltheit in Anspruch nehmen, die an halbwüchsige (pubertäre) Jugendliche erinnert, ohne deshalb als Erwachsener diskreditiert zu sein. Marcello Mastroianni als Frauenliebhaber Snaporaz durchstöbert in »Die Stadt der Frauen« (I, 1980) die Video-Galerie seines Freundes Katzone, in der dieser alle Eroberungen in ihrer ganzen Leidenschaftlichkeit festgehalten hat. Er tänzelt durch den Raum, betätigt einmal hier einen Knopf, einmal da, schaltet ein zweites und ein drittes Video dazu. Eine Orgie von Stimmen und Gesichtern entsteht, Mastroianni tanzt nach einer wahren Choreographie der Lust.

Jean Paul Belmondo agiert in »Außer Atem« (F, 1959) ebenfalls als HOMO LUDENS. Michel Plachard (Jean Paul Belmondo) mag die Röcke der französischen Mädchen. »Man hat direkt Lust hinzugehen und sie hochzuheben«, meint er zu Patricia (Jean Seberg). Er springt aus dem Taxi, in dem sie beide sitzen, läuft auf eine zierliche Brünette zu und liftet ihr von hinten den Rock, um sich gleich darauf wieder umzudrehen und wegzurennen.

Die Szenen, die ein Schauspieler auszuführen hat, sind im Drehbuch festgelegt. Die Art und Weise aber, wie er sie ausführt in Übereinstimmung mit seinem Habitus, ist für den WAY TO ACT bestimmend.

WAY TO ACT

Der WAY TO ACT als Connecting Link zwischen Schauspieler und Rolle

Bevor ich die Bedeutung des WAY TO ACT als Lebensbewältigungsstrategie erkannte, auch für uns »normale« Menschen, für Nicht-Schauspieler, habe ich die WAYS TO ACT als die unterschiedlichen Methoden eines Schauspielers beschrieben, das eigene Verhalten in die jeweilige Rolle einzugliedern. Der WAY TO ACT ist gewissermaßen der Weg, das Besondere des individuellen Ausdrucks zur Geltung zu bringen. Die Beschreibung des WAY TO ACT behandelt das WIE der Zusammenfügung zwischen Schauspieler- und Rollenpersönlichkeit. Wie entscheidend dieser Zusammenhang auch für jeden Nicht-Schauspieler ist, erkläre ich Ihnen im dritten Kapitel genauer.

Zurück aber zu den Schauspielern, die einen speziellen Wunsch zu ihrem Beruf gemacht haben: die

Innere Balance herstellen

Das Schauspielen als innere Notwendigkeit verhilft dazu, wie Jodie Foster es ausdrückt, »die Extreme in sich in Balance zu bringen«. Um dieses Gleichgewicht herzustellen, können unterschiedliche Wege der Persönlichkeitsbewältigung beschritten werden. Der Schauspieler wird den Weg der Selbstgestaltung wählen, der ihm die Möglichkeit bietet, sich zu entdecken, sich mitzuteilen und sich zu ergänzen. Es sind die Grenzerfahrungen mit dem eigenen Ich und nicht nur die Popularität, die den Gewinn des Schauspielens ausmachen. Daher suchen sich Schauspieler weniger eine bestimmte Rollenfigur aus, sondern den WAY TO ACT, der damit verbunden ist. Die Spielweise also, die eine bestimmte Form des Aus-sich-Herausgehens ermöglicht. In diesem Sinn zählt für den Schauspieler aktive Probenarbeit cbonco wie das fertige Endprodukt, der Film.

Emotionales Ersatzhandeln

Was der Schauspieler sich durch sein Ausagieren ermöglicht, stellt auch den Gewinn für den Zuschauer dar. Der Rezipient kann durch emotionales Ersatzhandeln mehr für sich beanspruchen als lediglich die Befriedigung eines voyeuristischen Moments. Durch stellvertretendes Probehandeln nimmt er an der Aktivität des Schauspielers teil. Der Zuschauer bekommt unterschiedliche Verhaltensmodelle vorgeführt, die sich nicht auf Handlungsabläufe, sondern auf das Umgehen mit dem individuellen Duktus beziehen. Er sieht, wie ein Schauspieler auf eine bestimmte Situation reagiert, in welche Gefühlslage dieser versetzt wird und wie er seine Emotionen äußert. Es sind Erfahrungsmomente, in denen der Zuschauer ein neues Verhaltensmodell für sich entdecken und sein emotionales Reaktionsrepertoire erweitern kann.

Das Publikum erreichen

Keine andere Branche verwendet so viele Ausdrücke des sozialen Kontaktes, um die Qualität ihrer Arbeit zu beschreiben, wie das Showbusiness. »Beim Publikum gut ankommen«, »die Zuschauer bewegen«, »aus sich herausgehen«, »die Stimmung anheizen«. Anfeuerungen wie »come on«, »give it to me«, »let it go« oder Musik, die »eini geht«, beschreiben sowohl Berufsgeheimnis als auch dessen Erfolgsrezept. Die Faszination, der Zuschauer und Schauspieler gleichermaßen unterliegen, beruht bei beiden letztlich darauf, libidinösen Lustgewinn in der sozialen Begegnung zu suchen. Das Senden kommunikativer Reize und das Rezipieren sind zwei Aspekte innerhalb desselben Prozesses. Die Erwartungshaltung ist eine durchaus gegenseitige. Offenheit und Ehrlichkeit als Einsatz des Schauspielers verlangen Rückvergütung vom Publikum durch Anerkennung und Sympathie. Kraft der eigenen Persönlichkeit Intimitätsgrenzen zu überschreiten und das Gegenüber »zu packen«, es »in der Hand zu haben«, verschafft dem Schauspieler das berauschende Gefühl von Omnipotenz. Sich auf der anderen Seite mitreißen zu lassen, die Schwelle intellektualisierender Distanz zu überschreiten und sich dem Übergriff auf eine emotionale Ebene hinzugeben bestimmt hingegen die Erlebnisintensität des Zuschauers. Die Bühnenauftritte Liza Minellis sind deshalb so anziehend, weil sich ihr hoher Aktivierungsgrad durch die Muskelanspannung, den straffen Körperrhythmus und Schweiß bemerkbar macht. An der Vitalität Liza Minellis teilzuhaben erhöht auch unmittelbar den Erlebniswert des Rezipienten.

Ein Seitenblick auf die Psychologie

Je präziser ein Schauspieler agiert, d.h. je deutlicher, vielzähliger und aufeinander abgestimmter die Hinweissignale sind, die er durch sein Erscheinungsbild, den Körperrhythmus, Blickkontakte, Stimmintonationen usw. aussendet, desto einfacher ist es für den Zuschauer, diese Signale aufzunehmen und in sein eigenes Wahrnehmungsschema einzubauen. Wird der Rezipient auf diese Weise dazu gebracht mitzuarbeiten, ist er ins Geschehen eingebunden. Der Kontakt mit dem Zuschauer funktioniert analog zur Rezipientenaktivität. Ein Schema kann um so besser vom Zuschauer wahrgenommen werden, je lückenloser es aufgebaut ist. Jemanden »hängenlassen« heißt daher auch nichts anderes, als ihm keine oder ungenaue Information anzubieten und ihm so die weitere Orientierung unmöglich zu machen. Er wird auf diese Weise ausgegrenzt, »kalt gestellt«. In diesem Sinn heißt »gutes« Schauspielen rezipientengerechtes Spielen und ist daher nicht nur an eine einzige Art zu spielen gebunden. In jedem WAY TO ACT kann daher ein Schauspieler »gut« sein.

Wahrnehmung erfolgt aufgrund kognitiver Schemata, die das Erlernen von Emotionen ermöglichen und entweder angeboren sind (wie z. B. Schemata der physiognomischen Wahrnehmung) oder im Lauf der Zeit durch Übung erworben werden. Denn Wahrnehmen ist ein Prozeß des Auswählens. **WAY TO ACT**

Kognitive Schemata sind sozusagen Gebrauchsanweisungen, die angeben, nach welchen weiteren Hinweissignalen (Cues) man suchen soll, um das Wahrgenommene besser einordnen zu können. Gleichzeitig fungiert das kognitive Schema auch als Anleitung, wie man die wahrgenommenen Cues zu verstehen hat.

Wahrnehmen ist ein zyklischer Prozeß des Suchens, Auffindens und Einjustierens von Informationen. Kennt der Zuschauer beispielsweise Liza Minelli, wird er eine geistige Vorstellung von ihr entwickeln können. Er ist bereit, nach allen Anzeichen Ausschau zu halten, die auf Liza Minelli hindeuten: Er wird ihren dunklen Pagenkopf sehen und die dichten falschen Wimpern, die ihre Kulleraugen hervorheben. Ebenso wird er das hektische Tempo wahrnehmen, mit dem sie ihre Bewegungen ausführt. Bestätigt sich durch die gefundenen Cues die Hypothese, daß es sich auch tatsächlich um Liza Minelli handelt, wird der Zuschauer weitere Anhaltspunkte suchen, die das Schema »Liza Minelli« komplettieren. Bei einem Bühnenauftritt wird es der Rezipient als *ihre* Geste erkennen, wenn sie – hinaus, die Energien – ihren Körper dehnt, den Arm hochstreckt, die Finger spreizt und wenn ihre Handflächen nach außen zeigen. Solche individuellen Spontanmuster – die Charakteristik des Bewegungsablaufes einer Person – sind unverwechselbar wie ein Fingerabdruck und machen die Einzigartigkeit der Schauspieleridentität aus. Die Beliebtheit bekannter Schauspieler resultiert nicht zuletzt aus der Wiedererkennbarkeit ihrer individuellen Ausdrucksform. Wie bei einem Bekannten weiß man, was man zu erwarten hat, und kann sich darauf einstellen.

Kehren wir aber nun zu Ihrer persönlichen Erfolgsstory zurück, denn: *Wenn Sie es sich zur Aufgabe gestellt haben, mehr aus sich zu machen als bisher, werden Sie in Ihrem WAY TO ACT eine Anleitung dafür finden.*

Das Prinzip der Selbstgestaltung

Der WAY TO ACT ist die Strategie der Selbstgestaltung. Im Mittelpunkt steht das bewußte Gestalten von Stärken, die in der eigenen Persönlichkeit zu finden sind.

Jede Persönlichkeit setzt sich aus drei Schichten zusammen. Wie etwa die russischen Matrioschkapuppen, bei denen man die jeweils größere über die kleinere stülpen kann und die immer dieselbe Silhouette ergeben. Diese drei Schichten sind hierarchisch angeordnet.

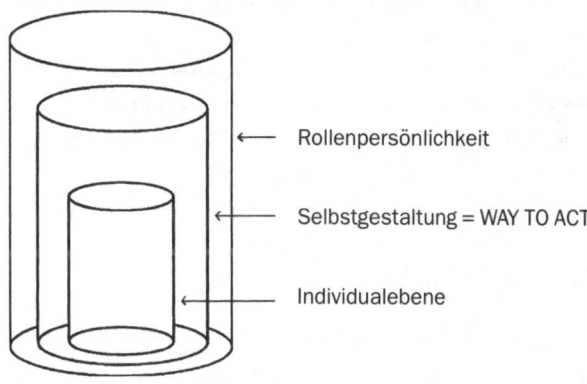

← Rollenpersönlichkeit

← Selbstgestaltung = WAY TO ACT

← Individualebene

Die Rollenpersönlichkeit

Die erste Schicht ist die Rollenpersönlichkeit. Das ist jener Bereich unseres Verhaltens, der von den sozialen Gepflogenheiten bestimmt wird. Hier verhalten wir uns nach den ungeschriebenen Gesetzen unseres gesellschaftlichen Umfelds. Wir passen uns einer Gruppierung an und signalisieren mit verbalen und nonverbalen Zeichen unsere Zugehörigkeit. Auf das Theater übertragen ist das die Ebene des sogenannten Rollenfaches, das feststehende Charaktere wie den jungen Liebhaber, das ältere Fräulein oder den strahlenden Helden beinhaltet.

Selbst wenn sich jemand bewußt außerhalb dieser Gruppen stellt, so würde sich dieser Nonkonformist eben als solcher kennzeichnen, indem er sich zwar bewußt nicht an Regeln hält, diese aber gerade durch den offenen Kampf dagegen als solche akzeptiert.

Die Selbstgestaltung

Die zweite Schicht umfaßt den Bereich der Selbstgestaltung oder des WAY TO ACT. Das ist die Schicht, mit der wir uns bereits beschäftigt haben. Hier geht es um die Art und Weise, *wie* wir etwas tun. Es ist die Ebene des »Sich-gebens«, in der wir unser Handeln und nicht zuletzt unsere ganze Lebenshaltung formen. Hier äußert sich unser »Sein« im unmittelbaren »Tun«. Diese Ebene beinhaltet die 24 Möglichkeiten, etwas aus sich zu machen und in seinem WAY TO ACT zu agieren. Sie bringt die Rollenpersönlichkeit mit der Individualebene in Einklang.

Die Individualebene

In der dritten Schicht eröffnet sich uns die individuellste Dimension. Sie beinhaltet jene Verhaltensmerkmale, die für eine ganz bestimmte Person spezifisch sind. Hier sind jene Zeichen, jene Cues zusammengefaßt, durch die man z. B. einen ganz bestimmten Menschen erkennt. Es ist jene Art zu lachen, zu zwinkern oder der Klang in der Stimme, die ihn als Individuum unverwechselbar machen. Hier ist sein Habitus, sein persönlicher Duktus erkennbar. Diese Kleinigkeiten, die schwer greifbar sind, sind so sehr spezifischer Bestandteil der Wesensart eines Menschen wie die Zeichnung des Daumenabdrucks. Damit ist auch begründet, weshalb die Unterschiede, wie die einzelnen WAYS TO ACT gelebt werden, mitunter recht groß sind. Nehmen wir als Beispiel Thomas Muster und Helmut Kohl. Sie leben im selben WAY TO ACT, dem eines LEAD HEAVY. Durch die Unterschiede auf der Individualebene bringen sie den WAY TO ACT differenziert zum Ausdruck.

Mit Hilfe der Individualebene läß sich auch noch einmal das Starprinzip kennzeichnen: Die Individualebene oder die »Urperson« bleibt bei einem Star von Kindheit an ein Leben lang konstant.

Den inneren Antrieb finden

Damit auch Sie ihre Starqualität entdecken können, kehren wir noch einmal zurück zu jener Energiequelle, die, wie wir bereits wissen, den WAY TO ACT speist: dem inneren Antrieb.

Nur über die Umsetzung des inneren Antriebs in die Verhaltensweisen des entsprechenden WAY TO ACT können wir uns ein authentisches Lebensgefühl geben. Dieses eigene ursächliche Lebensgefühl muß über spezifische Körperbewegungen, die in den WAYS TO ACT beschrieben werden, umgesetzt werden, um auch physisch ge- und erlebt zu werden.

Für den Fall, daß Sie das Gefühl haben, Ihr eigenes Wesen, Ihren inneren Antrieb, nicht gut genug zu kennen, folgt hier eine praktische Übung, durch die Sie diese Antriebskraft in sich wiederfinden können:

Nehmen Sie Ihre Kinder- und Jugendfotos zur Hand. Betrachten Sie Ihre Entwicklung genauer, und zwar in der ganzen Bandbreite vom dreijährigen Kind bis zum Erwachsenen, ungefähr Mitte Zwanzig. Nun schauen Sie einmal ganz genau hin. Fällt Ihnen etwas auf? Vielleicht gibt es irgendwann einen Bruch. Sie werden bemerken, daß Sie sich auf einmal anders halten und auch anders verhalten haben. Wahrscheinlich ist Ihr Ausdruck, aber auch Ihre Bewegung irgendwie gebremst und verhaltener als vorher. Das ist der Zeitpunkt, an dem Sie ihren inneren Antrieb aus irgendeinem Grund verschüttet haben. Und nun suchen Sie die Fotos heraus, auf denen Sie sich wirklich gut gefallen, wo Sie das Gefühl haben: Ja, das bin wirklich ich. So wie ich hier abgebildet bin, kann ich zu mir stehen. Bei diesen Bildern sind Sie mit Ihrem Ausdruck deshalb so zufrieden, weil er Ihre Wesensmerkmale, Ihre individuellen Charakterzüge widerspiegelt. Sie werden Kraft und Ausstrahlung darin entdecken – selbst wenn das nur auf dem Foto des dreijährigen Kindes zu sehen ist, und vielleicht gerade dann. Denken Sie, wenn Sie Ihre Alben durchblättern, nicht an die Situation, die damals mit der Aufnahme verbunden war. Es kann ohne weiteres vorkommen, daß Sie an den Urlaub, während dem das Foto gemacht wurde, gar nicht so gerne zurückdenken. Aber in diesem Augenblick der Aufnahme haben Sie sich wirklich wohlgefühlt, weil Sie eins mit sich selbst waren.

Und jetzt versuchen Sie einfach, diesen Ausdruck und die Körperhaltung, in der Sie sich so gefallen, nachzustellen. Probieren Sie, diese Elemente, die sie ausmachen, wieder hervorzuholen. Konstruieren Sie sich selbst bzw. ihre Körperhaltung nach Ihrer eigenen Vorlage, wie ein Bildhauer, der eine Figur nach einem Modell fertigt. Vielleicht ist das eine bestimmte Handbewegung, ein Ausdruck in den Augen oder die Art, wie Sie gerade dastehen. Versuchen Sie es einfach. Wenn es nicht gleich gelingt, versuchen Sie es ein bißchen variiert. Tun Sie das so lange, bis Sie den Moment gefunden haben, an dem Sie sagen können: »Das ist mein inneres Wesen.« Damit haben Sie vorerst ihren unspezifischen inneren Antrieb und die Elemente Ihrer Urperson wiedergefunden.

Den Antrieb kategorisieren

Wenn Sie nun Ihren inneren Wesenskern entdeckt haben, ist der nächste Schritt die Einordnung des Antriebs in die acht Strategien der Selbstgestaltung, die im weiteren Verlauf zum für Sie entsprechenden WAY TO ACT führen:
Ordnen Sie sich in eine der acht Kategorien ein und schärfen Sie dabei Ihre Selbstwahrnehmung:
Welches ist ihr vorrangiges oder hervorstechendstes Verhaltensmerkmal, bzw. wodurch lösen Sie ihre Grundstimmung aus:

I.) Sie benützen Ihren Körper als archaisches Ausdrucksmittel von Sexualität oder Kraft und Stärke oder Schönheit oder Häßlichkeit.
– Im Vordergrund steht dabei das Erleben der geschlechtlichen Identität als Mann oder Frau.
– Sie erleben Sich dadurch als stark, kräftig und unerschütterlich.
– Sie erleben Sich dadurch innerlich und äußerlich harmonisch.
– Sie erleben Sich dadurch als exotisch und interessant.
Antworten Sie bei einer dieser Möglichkeiten mit »zutreffend«, sind die *Körperbezogenen Selbstgestaltungsstrategien* für Sie am besten geeignet.

II.) Sie verhalten sich oft kontrovers zu den üblichen gesellschaftlichen Umgangsformen, weil Sie
– übertrieben und exaltiert handeln,
– weil Sie naiv, arglos und unschuldig an Dinge herangehen,
– weil Sie ungestüm und mit Verve handeln.
Wenn Sie eine von diesen Möglichkeiten ankreuzen, verwenden Sie *Regressive Verhaltensstrategien.*

III.) Ihr Verhalten ist von der Art der Kleidung, die sie tragen, bestimmt, weil Sie
– ihre Stimmung hinter einer Maske verbergen,

- immer konstant aussehen wollen,
- zu verschiedenen Gelegenheiten öfter am Tag ihre Garderobe wechseln,
- weil Sie Sich gerne nach traditionellen Vorbildern kleiden.

Wenn Sie hier etwas auf Sie Zutreffendes finden, sind die *Strategien der Verkleidung* für Sie das Richtige.

IV.) Wenn Sie ihr Verhalten verbrämen, um nicht zu persönlich und direkt zu sein und damit Distanz zum Gegenüber halten, indem

- Sie eine spielerische Leichtigkeit an den Tag legen, wie auch immer Ihnen zu Mute ist,
- Sie sich eine zweite Schicht zugelegt haben und für die Äußerung von Gefühlen Ihr eigener Strohmann sind,

dann sind die *Kultivierenden Strategien* für Sie am besten geeigenet.

V.) Wenn Ihr Verhalten davon geprägt ist, daß Sie im sozialen Umfeld Ihre Stellung behaupten und das tun, indem Sie

- betont männlich oder weiblich agieren,
- eine Dialektform sprechen oder Grußrituale verwenden, die nur innerhalb Ihrer Gruppe verstanden werden,
- sich wortgewaltig verteidigen können,
- Bewegungen und Sprachmuster verwenden, die aus einem anderen gesellschaftlichen Umfeld stammen als dem Ihren,

dann sind Sie mit den *Sozialen Strategien* gut beraten.

VI.) Wenn Sie von sich sagen, daß Sie Ihre innere Widersprüchlichkeit nach außen bringen, indem Sie

- innerlich wie ein Vulkan, aber äußerlich kühl erscheinen,
- bei jeder sich bietenden Gelegenheit ein »Wolfsgrinsen« aufsetzen,

dann sind Sie in den *Antagonistischen Strategien* zu

Hause.

VII.) Wenn Ihr Verhalten momentanen Gefühlen unterworfen ist und sich das auswirkt, indem Sie
– extreme Zurückhaltung, ein Pokerface, zeigen,
– ihren Körper (auch unbewußt) beeinflussen können,
– in jedem Augenblick in sich selbst ruhen,
– in explosionsartige Gefühlsstürme ausbrechen,
dann sind Sie bei den *Strategien der Individualisierung* in Ihrem Element.

VIII.) Wenn Sie Ihre persönliche Identität zugunsten einer Idee oder eines Ideals aufgegeben haben, um diese zu repräsentieren, dann paßt die *Strategie des Mythos* am besten zu Ihnen.

Wenn Sie nun Ihre Selbstgestaltungsstrategie kennen, ist es Ihnen möglich, Ihren persönlichen WAY TO ACT herauszufinden, wie im zweiten Teil dieses Buches beschrieben wird. Dort wird Ihnen gezeigt, wie Sie Ihren inneren Antrieb in Form gießen und den WAY TO ACT leben können. Dazu dient

Die Methode der Redewendungen

Beim Beschreiben von Verhaltensmustern bedient man sich meist gängiger Redewendungen. Das, was für Sie aber wie eine allgemein gebräuchliche Phrase klingen mag, ist der Schlüssel zur Umsetzung von Empfindungen in Körperbewegungen, also das Prinzip des WAY TO ACT. Jeder interpretiert z. B. »heitere Gelassenheit in der Stimme« ein wenig anders. Und doch haben wir alle in etwa die gleiche Vorstellung davon, wie sich diese Stimmung ausdrückt und anhört. Die Redewendungen beschreiben ein umfangreiches Muster, das über eine einzelne Bewegung hinausgeht und erst im Zusammenspiel einzelner Codes (z. B. der Blick zusammen mit der Lippenbewegung) die beschriebene Stimmung ergibt.
Der innere Antrieb wird an ganz bestimmten Schlüsselposi-

tionen ersichtlich, die durch Redewendungen beschreibbar sind. Formulierungen, wie »alle Viere von sich strecken«, oder »auf Draht sein«, beschreiben nicht nur ganz genau einen bestimmten Bewegungsablauf und eine Körperhaltung. Sie bezeichnen auch einen bestimmten Gefühlszustand, nämlich den inneren Antrieb, der dahinter steht. Man benützt diese Begriffe ja meistens auch im übertragenen Sinn. Diese »Key Positions« sind es, die Ihre innere und äußere Haltung kennzeichnen. Die Redewendung enthält gewissermaßen Gebrauchsanweisung und Gebrauchswert in einem.

Das sei am besten an einem Beispiel erläutert; nochmals mit Arnold Schwarzenegger: Wenn Arnold Schwarzenegger seine »Muskeln spielen läßt«, etwas »mit eiserner Faust packt« und sich martialisch »in die Brust wirft«, folgt er einem bestimmten inneren Antrieb. Er kann als Schauspieler und Bodybuilder seine Muskeln spielen lassen, kann Kraft zeigen, er kann Kämpfe als Schauspieler ausfechten, sich als Krieger fühlen, ohne tatsächlich in einen Kampf involviert zu sein. Er folgt damit dem WAY TO ACT eines LEAD HEAVY, eines »Schweren Helden«. Worauf es dabei ankommt, ist das »Sich-stark-Fühlen«. Zurückzuführen ist dieser innere Antrieb anthropologisch gesehen auf den Jäger und Krieger.

Dieser WAY TO ACT heißt also LEAD HEAVY oder die Kunst, »sich stark« zu machen. Und wie macht man/frau sich nun stark? Man/frau kann sich «in die Brust werfen«, einen »entschlossenen Blick haben«, etwas »packen mit eiserner Faust« usw. Das sind alles Redewendungen, die allgemein bekannt sind und die die Gebrauchsanweisung, wie ich meinen Körper dabei zu bewegen habe, um dieses Gefühl zu erreichen, darstellen. Es ist also etwas, was wir alle aus dem alltäglichen Sprachgebrauch kennen und verwenden. Der WAY TO ACT ist demnach etwas Allgemeingültiges und keineswegs auf die »Schweren Helden« beschränkt.

Eine Politikerin, die sich für ein Anliegen stark macht, tut das zwar im übertragenen Sinn, benutzt jedoch dieselben

Verhaltenscodes, die die psychische Umsetzung von Stärke und Kraft ermöglichen.
Denken sie z. B. an Margaret Thatcher, die nicht umsonst »eiserne Lady« genannt wurde. Auch sie hat die Verhaltenscodes eines LEAD HEAVY eingesetzt, beispielsweise den entschlossenen Blick. Der entschlossene Blick besagt ja, daß man ein festes Ziel vor Augen hat und dieses anvisiert. Diese Art zu schauen war für sie ein so typischer Verhaltenscode, daß er an ihrer »Spitting Image«-Puppe (in der britischen TV-Serie) überdeutlich hervorgehoben wurde. Auch Sportler benützen diesen WAY TO ACT. Monica Seles z. B. spielt in diesem Verhaltensmodus Tennis. Denken sie an ihren berühmten Kampfschrei. Nachdem man ihr nahegelegt hatte, darauf zu verzichten, um die Gegenerinnen nicht zu irritieren, konnte sie kaum mehr Siege verbuchen. Als sie wieder mit dem Schrei anfing, ohne den Sie einfach nicht ihre volle Kraft entfalten konnte, stand sie wieder auf der Gewinnerseite. Da sich der WAY TO ACT in unserem gesamten Tun wiederspiegelt, ist er durchaus als Lebensbewältigungsstrategie anzusehen.

Die Puzzle-Strategie

Es hängt also von unserem inneren Antrieb ab, welchen WAY TO ACT wir wählen. Prinzipell ist es meistens nur *ein* WAY TO ACT, in dem man sich wirklich authentisch fühlt. In einer bestimmten Situation können aber auch Teile eines anderen WAY TO ACT adaptiert werden.
Selbst wenn sie vom Typ her BEAUTY & BEAU sind, werden Sie bei einer Gehaltsforderung Teile des LEAD HEAVY verwenden, um Ihren Forderungen Nachdruck zu verleihen.
Pro WAY TO ACT befindet man sich auch in einem anderen Wahrnehmungszyklus. Das heißt, man nimmt sich so wahr, wie es dem Lebensgefühl entspricht. (Dieses wird deshalb im Untertitel zu jedem WAY TO ACT ausgedrückt. Siehe Überblick S. 50.)

Der Pendel-Effekt

Bei jedem WAY TO ACT gibt es eine positive und eine negative Seite, ihn zu leben. Zu welcher Seite man tendiert, entspricht den Werten, die man in sich selbst verwirklichen will. Das Ergebnis, also wie man sich tatsächlich verhält, ist letztendlich das Ergebnis eines eigenen Erziehungsprozesses. Welche Seite wir wählen, steht uns frei, wir können aber nicht umhin, uns zu entscheiden.

Die beiden Seiten seien kurz an einem Beispiel veranschaulicht. Der WAY TO ACT des ACTION PLAYING beispielsweise kann positiv gelebt werden in dem Sinne, aktiv an etwas heranzugehen, Dinge in die Hand zu nehmen, Hürden zu nehmen, also Probleme zu bewältigen. In der negativen Ausprägung könnte das aber genausogut Aggression bedeuten; das hieße: Angriffslust als gewalttätiges Element einzusetzen: zerschlagen, zerstören und anstacheln.

Wir wissen also nun, wie wichtig die Umsetzung von innerem Antrieb in Bewegung ist. Dazu einige Beispiele aus der Praxis, die Ihnen die Theorie verdeutlichen sollen.

Den Zuhörer erringen

Vor ein paar Jahren wurde im New Yorker Museum of Broadcasting ein Woody-Allen-Fernseh-Special aus den 60er Jahren gezeigt. Zu sehen war Woody Allen in einem Sketch mit Candice Bergen in Diskussion mit Reverend Billy Graham über Moral, Gott und natürlich über Sex sowie in Ausschnitten seiner bekanntesten Filme, wie »Manhattan« oder »Broadway Danny Rose«. In all diesen unterschiedlichen Auftrittssituationen und -rollen findet man dieselben charakteristischen Handbewegungen Woody Allens. Selbst bei Interviews begleitet er seine Sprechweise, die oft mehrmals ansetzt, um ein Wort auszusprechen, mit Handbewegungen, die das Ringen und Suchen nach Worten auch auf der physischen Ebene spürbar machen. Diese vorwärtstreibenden, beschleunigenden Handbewegungen sind so sehr Teil seiner Sprechweise, daß ein wesentlicher Bestandteil verlorenginge, würde er seine »körpersprachliche Handschrift« auf einmal verändern.

Woody Allen ringt um Worte

Wer so spricht, »ringt mit Händen und Füßen« um die Aufmerksamkeit des Publikums, was von diesem auch entsprechend honoriert wird. Man bringt damit zum Ausdruck, daß man sich innerlich fast zerreißt, um sein Anliegen klar ausdrücken, um nach einem noch besseren Wort, einer noch geeigneteren Formulierung zu suchen. Damit ist automatisch Intensität und Eindringlichkeit verbunden. Es ist das leidenschaftliche Bemühen, seine Sache möglichst präzise und genauso zu vermitteln, daß es dem Stellenwert, den sie für einen selbst hat, entspricht. Und daß dieser sehr hoch ist, spüren genau dadurch auch die Zuhörer.

Was Sie daraus für sich ableiten können:

Es zählt zu den festgeschriebenen Gesetzen der allgemeinen Körpersprache, nicht »zu viel mit den Händen zu reden«. Denn wildes Herumfuchteln signalisiert unter Umständen, daß man eigentlich nicht so genau weiß, was man sagen will.

Zählt jedoch dieses heftige Gestikulieren zu Ihrem Selbstausdruck, dann behalten Sie es bei. Es gehört nun einmal zu Ihrem Temperament, das, was Sie sagen, mit Handbewegungen zu unterstreichen. Allerdings sollten Sie diese Ausdrucksform jetzt kultivieren, um sie zu einer positiven Qualität Ihrer Selbstpräsentation zu machen. Schauen Sie sich

41

ein Video an oder stellen Sie sich vor einen Spiegel, während Sie sprechen, und geben Sie sich Schliff. Isolieren Sie die für Sie charakteristischen Gesten, und spielen Sie diese separat durch. Finden Sie heraus, was Sie damit in Verbindung bringen, also welche Assoziationen sich einstellen und was Sie dabei empfinden. Wenn Sie mit diesem Brainstorming zufrieden sind, machen Sie diese einzelnen Bewegungen nochmals, aber so, daß Sie auch optisch damit einverstanden sind.

Die Frage, die sich stellt, muß hier heißen: Bin ich jemand, der sich für seine Zuhörer zerreißt und ihnen das auch gerne zeigt? Entspricht es mir, auch das Element des fast ungeduldigen »sei aufmerksam!«, als wolle man das Publikum aufrütteln, einzubringen? Will ich durch meine Körpersprache mitteilen, das Thema ist so wichtig, daß ich es besser und besser erklären werde? Falsch wäre es, wenn sich dabei das Gefühl von Hektik einstellte, von Zerfahrenheit, von einem Zuviel an ungeordneten Gedanken im Kopf, von innerer Zerissenheit, so viel zu sagen zu haben, daß man gar nicht weiß, wo und wie man beginnen soll. Dann übertreiben Sie wahrscheinlich. Stellen Sie sich nun vor, Sie wüßten bereits ganz genau, welche Inhalte Sie in welcher Reihenfolge bringen würden. Reduzieren Sie jetzt das Tempo Ihrer Bewegungen und verkleinern Sie diese ein wenig, vielleicht indem Sie mit den Armen und Händen näher am Körper bleiben, und machen Sie immer wieder Atem-Pausen. Das Ergebnis sollte jetzt zufriedenstellender sein.

Mir wurde von einem Experiment berichtet, dem österreichischen Journalisten und Fernsehmoderator Hugo Portisch seine Angewohnheit, mit den Händen zu sprechen, zu unterbinden. Dabei hat sich herausgestellt, daß es ihm einfach nicht möglich war, seine Texte anders als auf dieselbe mitreißende Weise zu kommentieren, die seine Einzigartigkeit ausmacht. Zusammengebundene Hände schnüren bei diesem Typus eben auch den Gedankenfluß ab.

Mit spielerischer Leichtigkeit punkten

WAY TO ACT

Wir haben schon einmal den WAY TO ACT beschrieben, mit dem Bill Clinton Erfolg hatte. Seine entscheidenden Merkmale sind Leichtigkeit, heitere Gelassenheit und Unbeschwertheit, die er auch in seiner Körperhaltung ausdrückt. Wenn Sie ebenfalls zu diesem Typus zählen und damit auch Erfolg haben wollen, achten Sie auf folgendes: Zeigen Sie ruhig, daß Ihnen der Schalk im Nacken sitzt. Zeigen Sie in Ihrem Gang, daß Sie spielerisch durchs Leben tänzeln. Zeigen Sie eine gesunde Portion Eitelkeit, denn auch das gehört zu diesem Typ. Der innere Gewinn (das Lebensgefühl), den Sie dabei haben, ist ganz einfach erklärt. Denken Sie an den Begriff »das Kind im Manne« – und wir Frauen leben mit ein wenig lausbübischer Frechheit auch nicht schlecht. Wer sich mit diesem Typus identifizieren kann, muß sich aber auch die Kehrseiten vor Augen führen. Bill Clintons Kompromißbereitschaft beispielsweise, wurde in bezug auf seine Außenpolitik gelegentlich als Entscheidungsschwäche und Wankelmut ausgelegt. Leichtigkeit kann in Leichtlebigkeit und Frivolität umschlagen, und aus Kompromißbereitschaft kann ein Sich-mit-dem-Wind-Drehen werden. In der Körperhaltung würde sich diese Einstellung in einer Überflexibilität der Wirbelsäule bemerkbar machen, in einer »gewundenen Haltung«. Die Handbewegungen werden von Weichheit im Zugriff und von Unbestimmtheit gekennzeichnet sein. Die Leichtlebigkeit wird sich bemerkbar machen, u. a. wenn jemand zu schnell überall hingreift und ebenso rasch etwas wieder hinlegt und losläßt.

Die Lust am Verkleiden

Der australische Starkomiker Barry Humphreys hat jahrelang als eher durchschnittlicher Schauspieler sein Auskommen finden müssen. Erst als ihm selbst klar wurde, daß er durch das Verkleiden, und je grotesker desto besser, die für ihn ideale Ausdrucksform gefunden hat, ist er in die absolute Weltklasse der Komiker aufgestiegen. Wer kennt heute nicht »Dame Edna«.

Wenn sich Alec Guinnes während ein und desselben Films mehrmals verkleidet und sich als jemand anderer ausgibt, folgt er einem ähnlichen Prinzip:

Das Verkleiden ist eine Selbstgestaltungsstrategie, die uns allen bekannt ist. Es steckt nämlich nichts anderes dahinter als die Lust, sich durch Verkleidung eine neue Identiät zu schaffen, etwas, was die meisten von uns im Fasching durchaus gerne tun. Würde man jedoch im Alltag sich stets als jemand anderer ausgeben, würde derartiges Verhalten Aufsehen erregen und negative Konsequenzen haben. Trotzdem ist diese Strategie in abgewandelter und gemäßigter Form eine Möglichkeit, sich eine bestimmte Identität zu schaffen.

Auf diese Weise ist es einer befreundeten Journalistin gelungen, sich eine für sie akzeptable Identität zu schaffen. In unsteten Verhältnissen aufgewachsen, mußte sie schon als Kind von einem Kontinent zum anderen reisen und hatte große Schwierigkeiten, ihre Zugehörigkeit zu finden. Wo immer sie auch hinkam, war ihre Sprache eine Barriere oder ihr Benehmen nicht der jeweiligen Gesellschaft angepaßt. Da ihr Hang zur Periode des 19. Jahrhunderts immer schon sehr ausgeprägt, ihre Sprache und Benehmen eher der Jahrhundertwende angepaßt war als dem Computerzeitalter, hat sie das Problem folgendermaßen gelöst: Aufgrund meines Anratens entschloß sie sich, bewußt eine Verkleidungsstrategie zu wählen und als Dame des 19. Jahrhunderts aufzutreten. Wir haben alle Verhaltenselemente, wie Grußriten, Benehmen in Gesellschaft, Gastgeberin für Kunstsalons mit den dazugehörenden Kleidungsaccessoires nahtlos aufeinander abgestimmt. Nicht nur, daß sie sich heute wohl und sicher in Ihrer »Zeitperiode« fühlt – sie macht mit ihrer Erscheinung und ihrem Auftreten Furore. Sie ist nicht nur stets gern gesehener Gast auf sämtlichen kulturell maßgeblichen Veranstaltungen, sondern auch in

ihrem einzigartigen Stil ein gefragtes Charaktermodell für gezielte Werbesujets.
Wem es nicht gelingt, seinen Stil zu finden, der wird auch keinen bleibenden Eindruck hinterlassen, und zwar weder in seinem äußeren Erscheinungsbild noch in seinem Tun. Der amerikanische Ex-Präsident Gerald Ford hatte nie so richtig seinen Stil in der Öffentlichkeit gefunden. Er konnte in seiner Amtszeit weder schlagende Erfolge verbuchen, noch mußte er niederschmetternde Niederlagen einstekken. Er blieb im großen und ganzen so wie er sich präsentiert hatte – unauffällig. Politiker vermitteln eben nicht nur eine Botschaft, sondern sie sind die Botschaft. Die Art und Weise, wie sie sich präsentieren, läßt ohne weiteres Rückschlüsse auf ihre Art der Politik zu.

Geben Sie Sich ihren Auftritt

Sie werden sehen, sobald Sie sich entschließen, ihr Licht nicht mehr unter den Scheffel zu stellen, sondern ihre Qualitäten ins Scheinwerferlicht zu rücken, werden sich bereits Ihre Bewegungen und ihre Haltung verändern.
Versuchen Sie es gleich mit dieser Übung, die Sie sowohl im Sitzen als auch im Stehen ausführen können: Es handelt sich dabei um eine Grundhaltung, die in jedem WAY TO ACT integriert ist. Stimmen Sie sich ein, indem Sie sich klar machen, daß auch Sie ihre ganz speziellen Starqualitäten haben. Versuchen Sie, vorerst Spannung in ihren Körper zu bekommen, indem Sie sich aufrichten. Drücken Sie die Lendenwirbelsäule leicht nach vorne, heben sie das Brustbein und ziehen Sie sich vom Mittelpunkt ihres Scheitels noch einmal hoch. Weder dürfen sich dabei die Schultern anspannen, noch darf diese Haltung verkrampft sein.

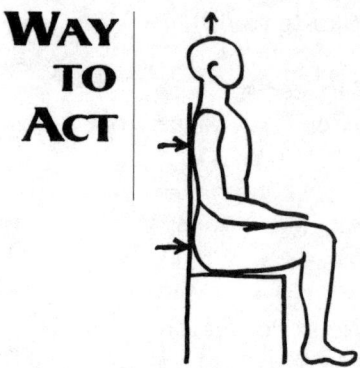

Wenn Sie es richtig machen, haben Sie jetzt bereits eine würdevolle Haltung, die nicht nur gut aussieht, sondern in der Sie sich auch wohl und sicher fühlen.
Würde und Sicherheit zu empfinden und auszustrahlen – damit ist bereits der erste Schritt zur »Starqualität« getan.

Haben *Sie Ihren* inneren Antrieb bereits gefunden?
Konnten Sie sich selbst bereits wiederfinden, Ihre Möglichkeiten und Gefährdungen, Stärken und Schwächen erkennen – und die Ihrer Freunde und Freundinnen, Ihrer Bekannten und KollegInnen? Dann können Sie sogleich beginnen, Ihren WAY TO ACT zu trainieren.
Wenn Sie, liebe Leserin, lieber Leser, zu dem wahrscheinlich größeren Kreis derer gehören, die durch konkrete Anschauung und Ausprobieren, durch Spielen, »Schauspielen«, erkennen, dann werden Sie auf diese Weise ebenso *Ihren WAY TO ACT* finden: Anschließend werden die 24 WAYS TO ACT detailliert dargestellt und für jeden konkrete Trainingsmöglichkeiten aufgezeigt.
Ich wünsche Ihnen viel Erfolg und nicht zuletzt Vergnügen auf Ihrem Weg zur Starqualität.

Teil II

Und nun wenden wir uns jenem Teil des Buches zu, der allen LeserInnen eine praktische Anleitung geben soll, ihre Stärken ins rechte Licht zu rücken.

In einem Überlick werden die 24 WAYS TO ACT im Detail beschrieben. Nach plastischen Beispielen aus Film, Politik oder Showbusiness und einer detaillierten Beschreibung des inneren Antriebs werden die Stärken jedes einzelnen WAYS TO ACT hervorgehoben und die zielorientierten Möglichkeiten aufgezeigt, ihn beruflich erfolgreich einzusetzen.

Die Methode, die WAYS TO ACT als Selbstgestaltungsstrategien zu verwenden, setzt sich nicht mit Körpersprache auseinander, sondern mit dem Körperempfinden.

Zwischen den einzelnen WAYS TO ACT besteht keine absolute Trennschärfe, die Gestaltung der Codes weisen einen fließenden Übergang auf.

Und noch ein Hinweis: Die einzelnen Ausdrucksformen beziehen sich vor allem auf den europäischen und den angloamerikanischen Raum. Sie sind also nicht unabhängig von kulturellen Einflüssen, ebenso wie auch zeitlich-historische Einflüsse nicht spurlos an ihnen vorübergehen. Wenn Maurice Chevallier etwa vor 40 Jahren MALE POWER ausstrahlte, so würde er heute eher in die Kategorie GENTLEMANLIKE passen.

Besonderes Augenmerk habe ich auf die *Körperbezogenen* und *Regressiven Strategien* gelegt, da sie die zur Zeit am häufigsten vorkommenden WAYS TO ACT beinhalten.

24 WAYS TO ACT – im Überblick

I. Körperbezogene Strategien

OVERSEXED	– oder die Kunst, sich zu genießen
LEAD HEAVY	– oder die Kunst, sich stark zu machen
BEAUTY & BEAU	– oder die Kunst der Hingabe
FELLINI'S FACES	– oder die Kunst, sein Stigma zu überwinden

II. Regressive Strategien

FUNNY FIGURE-ING	– oder die Kunst, arglos zu sein
COMICS PLAYING	– oder die Kunst, Gefühle zu überspielen
ACTION PLAYING	– oder die Kunst, sich durchzusetzen

III. Strategien der Verkleidung

MASKS	– oder die Kunst, sich zu verbergen
PUPPETS	– oder die Kunst, sein Gesicht zu wahren
DRESSING-UP GAME	– oder die Kunst, wandlungsfähig zu sein
AS-IF PERSONALITY	– oder die Kunst, die Welt mit anderen Augen zu sehen

IV. Kultivierende Strategien

STAND-UP PLAYING	– oder die Kunst, sich Gehör zu verschaffen
HOMO LUDENS	– oder die Kunst, unbeschwert zu sein

V. Soziale Strategien

MALE & FEMALE POWER	– oder die Kunst, sich zu behaupten
RAP	– oder die Kunst, wortgewaltig zu sein
SUBCULTURAL	– oder die Kunst, sich zu verwurzeln
BEHAVIOURISTICS	– oder die Kunst, sich einzufügen

VI. Antagonistische Strategien

LADY- & GENTLEMANLIKE	– oder die Kunst, erhaben zu sein
KILLER SMILE	– oder die Kunst, gefährlich-freundlich zu sein

VII. Strategien der Individualisierung

MICROACTING	– oder die Kunst, sich zurückzunehmen
METAMORPHOSIS	– oder die Kunst, sich zu verändern
LIFELIKE	– oder die Kunst, privat zu sein
INSIDE OUT	– oder die Kunst, sich zu offenbaren

VIII. Strategie des Mythos

MOVING IMAGES	– oder die Kunst, sich zu verströmen

I
Körperbezogene Strategien

Der Körper setzt nicht nur Zeichen wie in der nonverbalen Kommunikation, sondern er besitzt an sich bereits eine kommunikative Funktion.

Allein durch das äußere Erscheinungsbild des Körpers läßt sich auf die innere Befindlichkeit schließen. Ablehnung und Zurückweisung des inneren Antriebs können sich in der Vernachlässigung einer bestimmten Körperpartie ausdrücken, die durch diesen Körperteil repräsentiert wird. Es läßt bis zu einem gewissen Grad Rückschlüsse auf das Selbstbild zu.

Bei den *Körperbezogenen Strategien* der Selbstgestaltung wird der Körper als archaisches Kommunikationsmittel präsentiert, der die archetypischen Eigenschaften der Stärke, der Sexualität, des Schönen und des Häßlichen verkörpert. Eigenschaften, die »auf den Leib geschrieben sind«, dürfen als physische Qualitäten »ausgespielt« werden. Die vier WAYS TO ACT dieser Kategorie entsprechen den auf den jeweiligen Archetypus abgestimmten Präsentationsformen.

Oversexed
oder die Kunst, sich zu genießen

Prince, »live in concert«. Zehntausende Zuschauer füllen die Ränge des Wiener Praterstadions. Für das Aufwärmen des Publikums hat bereits die Vorgruppe gesorgt, jetzt betritt der Star der Abends die Bühne und heizt die Stimmung selbst kräftig an. Durch rhythmisches Klatschen und »Prince, Prince«-Skandieren kommt selbst der reservierteste Besucher auf Touren. Die Menge springt hoch und reißt die Arme in die Höhe. Auch die sogenannte Welle wogt über die Ränge.

Inmitten der tobenden Menschen läßt sich ein Zuschauer ausmachen, der auf der Erde sitzt, genüßlich seinen Körper wiegt und sich von der Energie ringsumher tragen läßt.

Was spricht aus OVERSEXED?

Die charakteristischen Bewegungsmuster sind *den Körper wogen und wellen*. Das bedeutet, die rhythmische Körperspannung und Entspannung im Bewegungsfluß zu spüren.

Sich in Positur werfen, heißt, eine Haltung einzunehmen, in der die Körperlinien und Geschlechtsmerkmale hervorgehoben werden. Wer den Kopf in den Nacken wirft und *die Löwenmähne schüttelt,* signalisiert mit ungebändigter Haarpracht animalische Leidenschaft. *Schöne Augen macht* der, der flirtet. Und bei der *verführerischen Stimme* werden Lustlaute ins Sprechen eingebunden.

Federico Fellini: »La dolce vita« (I, 1959):
Silvia (Anita Ekberg), ein amerikanischer Filmstar, und der
Journalist Marcello (Marcello Mastroianni) lassen eine
durchfeierte Nacht ausklingen. Unbeschwert schlendert
sie im Morgengrauen durch die Arkaden Roms. Eine Pelz-
stola umschmiegt ihr Dekolleté, das schwarze, eng anlie-
gende Kleid modelliert die Kurven ihres üppigen Busens,
ihrer schmalen Taille und der ausladenden Hüften. Verle-
genheitslaute plätschern über ihre Lippen, als sie nach
Marcello Ausschau hält, bevor ihr Blick auf die Fontana di
Trevi fällt. Mit wiegendem Körper geht sie auf den Wasser-
fall in der Mitte des Brunnens zu. »Marcello, come here!«
animiert sie ihn, zu ihr zu kommen. Sie stellt sich in Positur,
einladend streckt sie ihm die nackten Arme entgegen. Die
Schultern sind entblößt, das hochgeschobene Kleid gibt
noch zusätzlich die Rundungen ihrer Schenkel frei. Sie läßt
das blonde Haar in den Nacken fallen, schließt die Augen
und läßt das Wasser über Gesicht und Hals perlen.

Quelle und Verlauf

OVERSEXED, wie er heute in Filmen und Werbung dargestellt wird, ist auf die sexuelle Wirkung dieses Typus reduziert. Er steht prinzipiell für physische Sinnlichkeit, ohne
zwingend sexuellen Aufforderungscharakter zu haben, wird
gegenwärtig aber fast ausschließlich, vor allem im Medien-
bereich, in die gegenteilige Richtung eingesetzt. Der Zeitge-
schmack prägt dazu Ausdrücke wie der Vamp, die Kindfrau,
die Wildkatze.
Dieser WAY TO ACT repräsentiert ursprünglich den weiblichen Archetyp. Dabei geht es um das Weibliche an sich und
nicht um Jugendlichkeit, Attraktivität und idealisierte Körpermaße.
Im Alltag wird OVERSEXED von beiden Geschlechtern im
Genießen der eigenen Sinnlichkeit und als Flirtverhalten
gelebt. Biologisch liegen diesem Verhalten Reizelemente
des Balz- und Paarungsverhaltens und Merkmale des Part-

nerschemas zugrunde, nach denen wir intuitiv unsere Wahl nach Kriterien der Fortpflanzungsfähigkeit treffen.

Zur genaueren Erklärung wenden wir uns einigen Ausführungselementen im Detail zu:

Die Bärenfellpose

In den Variationen dieser Pose kommt bei Männern das exhibitionistische Moment wesentlich stärker zum Tragen und scheint eher anthropologische als soziologische Ursachen zu haben. Während Frauen, in seitlicher Position, meist mit dem oberen abgewinkelten Bein die Genitalien verbergen, stellen Männer ein Bein auf und gewähren so maximalen Einblick auf ihr Geschlecht. Erst durch das Coming Out der Gay Szene hat sich eine Fotografie des männlichen Aktes entwickelt, die nicht nur die Muskelkraft ästhetisiert, sondern den Mann zum begehrenswerten Objekt macht. Auch Männer dürfen seither ihre knackigen Hinterteile offenherzig präsentieren.

Bärenfellpose –
Männliche Haltung

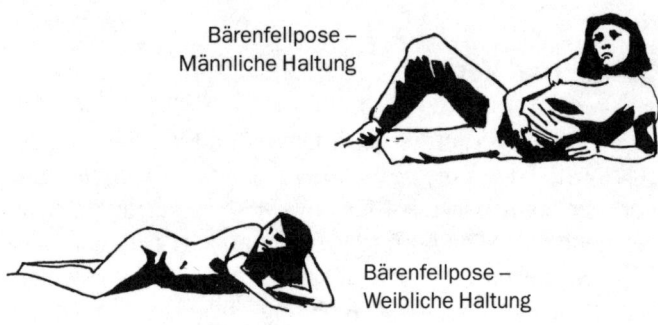

Bärenfellpose –
Weibliche Haltung

Sich in den Hüften wiegen

Durch abwechselndes Anheben einer Hüfte entsteht eine Wellenbewegung beim Gehen, bei der der eigene Körper sichtbar in Schwingungen versetzt wird. (Beim Tragen von Stöckelschuhen entsteht das Wiegen durch die labilere Lage des Schwerpunktes.)

Models am Laufsteg verwenden den Hüftschwung als Subcode. Sie schwenken die Hüften, indem sie durch Drehung am Vorderfuß Schwung geben und einen Fuß genau vor den anderen setzen. Dadurch entsteht eine Beckendrehung, die das Fließen des Stoffes betont. Die amerikanische Hotelkette »Mariott« hat ihren Serviererinnen knöchellange hochgeschlitzte Röcke als Arbeitskleidung verordnet. Ein reizvolles Kleidungsstück, das nur wirkt, wenn es auch dementsprechend getragen wird. Durch einen leichten Hüftschwung beim Gehen, blitzt bei jedem Schritt das Bein vor. Beim hastigen schnellen Servieren jedoch schlenkert der schwarze Stoff wie ein zerrissenes Stück Tuch um die Beine der Kellnerinnen.

Der Hüftschwung als getanzter Bewegungscode wurde bei Elvis Presley zu einem extremen Rotieren des Beckens. Desmond Morris schreibt über dieses Phänomen: »Elvis Presley verursachte bei seinen ersten öffentlichen Auftritten mit seinen elastischen Hüftbewegungen einen Skandal. Er übertrieb seine wiegenden und ruckartigen Hüftbewegungen derart, daß er schnell den Spitznamen Elvis Pelvis (pelvis = Becken) weghatte, und bei seinen frühen TV-Auftritten waren die Hüften nicht auf dem Bildschirm zu sehen. Seine Bewegungen waren zu aggressiv maskulin, als daß sie anstößig pseudo-weiblich wirkten, aber man interpretierte sie als Nachahmungen der Beckenstöße beim Koitus, und es dauerte einige Jahre, bis er sein ganzes Können auf dem Bildschirm zeigen durfte. Presley hatte bewiesen, daß rhythmische Hüftbewegungen keineswegs nur eine Domäne der Frauen sind.«

Sich räkeln
ist der einzig horizontal ausgeführte Code. Er dient bei Frauen und Männern dazu, den ganzen Körper durch den physischen Kontakt mit der Unterlage, sinnlich zu erfahren und darzustellen.
Michelle Pfeiffer räkelt sich in dem Film »Die fabelhaften Bakerboys« (USA, 1989) auf einem Klavier vor dem Pianisten Jeff Bridges, während sie den Song »Makin' Whoopee« ins Mikrofon haucht. Die Kamera unterstützt diesen Effekt durch den Kameracode des sogenannten »Abschleckens«, bei dem die Kamera langsam den Körper entlanggleitet.

Auch der Popsänger Prince benützt unter anderem diesen Code in seinen lasziv gestalteten Shows. Das Mikro in der Hand, räkelt und wälzt sich Prince im knappen Kostüm auf dem Bühnenboden, um das Publikum mit unmißverständlich sexuellen Signalen anzuturnen.

Den Busen vorschieben

Diese Haltung wird auch im folgenden WAY TO ACT, dem LEAD HEAVY eine Rolle spielen, mit dem Code »Sich in die Brust werfen«. Der Busen wird vorgeschoben, indem die Hände in die Hüften gestemmt werden, die Finger liegen dabei vorne, Ellbogen und Schultern sind zurückgezogen. Damit wird der Busen zwar als Geschlechtsmerkmal in den Vordergrund gerückt. Die nach außen gerichteten spitzen Ellbogen, ein aggressives Element der Körpersprache, signalisieren allerdings zusätzlich Wehrbereitschaft. Es handelt sich daher um ein Signal mit sexuellem Hintergrund, das aber gleichzeitig Distanz signalisiert, da hier größere Nähe, wie eine Umarmung, ausgeschlossen ist. In dieser Haltung wird die Ambivalenz zwischen sexueller Herausforderung und verteidigungsbereiter Abwehr deutlich. Silvana Mangano, in dem Film »Bitterer Reis« (USA, 1949) eine aufständische Landarbeiterin, wird auf dem Filmplakat in dieser Pose abgebildet.

Da Männer durch Ermangelung eines Busens mit dem Vorschieben der Brust nun einmal wenig erotische Wirkung erzielen, müssen andere Maßnahmen getroffen werden.

Die Brustbehaarung zeigen

Es handelt sich dabei um ein Pendant zum Code »Busen vorschieben«, die männliche Version sozusagen. Männer mit Brustbehaarung und nur solche, öffnen mit Vorliebe die obersten Hemdknöpfe, um Echtes oder durch ein Toupet Aufgebessertes hervorschauen zu lassen, oder verzichten ganz auf ein textiles Oberteil. Zugeknöpft sein ist eben nicht nur bei Frauen ein Synonym für sexuelle Zurückhaltung. Popsänger Prince begnügt sich damit, sein Auftrittshemd über dem Bauch zu verknoten. In dem Film »Purple Rain« (USA, 1984) schiebt er noch zusätzlich das Rüschenplastron seines Hemdes mit einer Handbewegung beiseite.

Der Stardompteur Roy (Siegfried und Roy) verzichtet ebenfalls auf ein hochgeschlossenes Oberhemd. Auch Burt Reynolds trägt seine Schwimmweste in dem psychosozialen Thriller »Beim Sterben ist jeder der Erste« halb geöffnet. Obwohl seine Rolle aktionsreich und dramatisch ist, war es völlig richtig, ein derartiges Signal einzubauen, da Burt Reynolds schließlich als das männliche Sexsymbol gilt.

Die Löwenmähne schütteln

Langes offenes Haar löst erotisches Interesse aus, obwohl es keinen geschlechtsspezifischen Unterschied der Haarbeschaffung gibt, der die Neugier wecken könnte. Nichts desto weniger verlockt schönes Haar bei beiden Geschlechtern dazu, es zu berühren und darin herumzuwühlen. Symbolisch steht die gelöste Haarfülle weniger für Erotik als für Kraft und Freiheit. Durch die puritanischen Moralbegriffe, die es Frauen untersagten, durch langes offenes Haar Sinnlichkeit zu verströmen, wurde die ungebändigte Haarpracht zu einem Signal für ungezwungene Freiheit und »lose Mädchen«. Dieses erotische Attribut kann nun durch Schütteln, Werfen oder Herabfallenlassen thematisiert werden.

Die Haare in den Nacken fallen lassen – den Kopf in den Nacken legen

Der Kopf wird zurückgelegt, so daß das Haar nach hinten über die Schultern fällt. Gleichzeitig wird durch den zurückgelegten Kopf die Kehle dargeboten, eine anthropologische Unterwerfungsgeste mit der Schutzbedürfnis, aber auch die Bereitschaft, sich liebkosen zu lassen, signalisiert wird. In »Lenny« (USA, 1974) tanzt Valerie Perrine eine Stripteasenummer, bei der sie als einen der Höhepunkte ihrer Show zum Trommelwirbel ihren Haarknoten löst. Sie legt den Kopf zurück, wirft ihn nach rechts und links und läßt die blonde Lockenpracht in den Nacken und über ihren bloßen Rücken wallen. Das Öffnen des Haares ist der Auftakt zum weiteren Entkleiden. Wenn Milva bei ihren Bühnenauftritten die rote Lockenmähne in den Nacken fallen läßt, unterstreicht sie damit die wehmütige Leidenschaft, mit der sie ihre Liebeslieder interpretiert.

Eine Strähne über die Augen hängen lassen

Wie zufällig hängen einzelne Haarsträhnen in die Stirn und fallen über die Augen. Der Blick wirkt dadurch ein wenig verschleiert und minimiert die Distanz zum Gegenüber. Als weiterer Effekt animiert die ausgekommene Locke zum Angreifen und Wegstreichen.
In »9 1/2 Wochen« (USA, 1984) läßt Kim Basinger (Elisabeth) ein paar blonde Fransen über die Augen fallen, als sie das erste Mal mit Mickey Rourke (John) zusammentrifft. Das Sich-angezogen-Fühlen und die gleichzeitige Verunsicherung bei dieser Begegnung werden in dieser Geste zum Ausdruck gebracht.

Die Haare (aus dem Gesicht) werfen

Das leichte Hin- und Herwerfen des Kopfes, mit dem die Haare aus dem Gesicht geschleudert werden, simuliert andeutungsweise die Kopfbewegungen eines ekstatischen Höhepunktes. In »Die fabelhaften Bakerboys« bedient sich Michelle Pfeiffer dieses, in ihre Songs einchoreografierten, erotischen Kopfschüttelns. Anfangs nur zaghaft, stellt die immer energischer ausgeführte Bewegung ein Indiz für erstarktes Selbstbewußtsein und Herausforderungsbereitschaft dar.

Schöne Augen machen

Empfindet man jemanden als begehrenswert, weiten sich die Pupillen, und die Sekretabsonderung der Tränendrüsen, ein anthropologisches Relikt der aquatischen Phase, erhöht sich. Es handelt sich dabei um eine biologische Reaktion, wie sie bei jeder positiven Emotion stattfindet, und dieser Zusammenhang läßt große, glänzende Augen als attraktiv erscheinen. Daß diese Grundstimmung nuanciert mitgeteilt werden kann, liegt an den unterschiedlichen Intentionen, die das Blickkonzept (Kopfhaltung und Lippenstellung mit einbezogen) leiten.

Der verschwommene Blick

Beim verschwommenen Blick erfolgt die Stimulierung des Gegenübers, indem die Bereitschaft zum Kontrollverlust signalisiert wird. Der herausfordernde Charakter wird verschleiert. Er entspricht dem Blick Verliebter, bei dem eine stärkere Pupillenerweiterung eintritt. Desmond Morris interpretiert folgendermaßen: »Diese Reaktion muß unsere Sehschärfe beeinträchtigen, weil dabei zuviel Licht auf die Netzhaut fällt. Folglich müßten wir statt eines scharf ausgeleuchteten Bilds ein diesiges Leuchten sehen. Dies ist aber vielleicht für junge Verliebte ein Vorteil, wenn sie einander tief in die erweiterte Pupille schauen. Für sie ist es vielleicht ein Vorteil, daß sie ein leicht verschwommenes, in einen Lichtschein getauchtes Bild sehen – das genaue Gegenteil von einem Bild mit allen Fehlern und Schwächen.«

Der verführerische Blick

Das Objekt der Begierde wird mit leicht geneigter Kopfhaltung, aus einem schrägen Augenwinkel gemustert. Die Kontaktaufnahme erfolgt dadurch weniger offensiv, das Risiko einer brüsken Zurückweisung wird in Grenzen gehalten. Ein bedrohliches Anstarren wird ebenfalls vermieden, wenn der Blick zwar in gerader Sehlinie erfolgt, die Augen aber ganz leicht zusammengekniffen werden. Ähnlich wie es Kurzsichtige instinktiv tun, um die Sehschärfe zu verbessern. Damit dieser Blick nicht in ein zu aggressives Ins-Visier-Nehmen umschlägt, wird Offenheit und Ansprechbarkeit durch leicht geöffnete Lippen signalisiert.

In »Lolita« (GB, 1961) wird der Effekt des verführerischen Blicks noch dadurch verstärkt, daß Sue Lyon ihre Augen über den Rand einer herzförmigen Brille richtet. Daß Männer diese Art des Schauens ebenfalls beherrschen, läßt sich bei Prince beobachten, der durch Augen-Make-up einen verstärkenden Akzent setzt.

Rehaugen

Die Augenlider sind weit geöffnet, ohne aufgerissen zu wirken, die Augenbrauen ein wenig hochgezogen, ähnlich dem staunenden Blick. Die Rundung der Iris ist beinahe ganz zu sehen, die Augen wirken kindlich rund. Die (leicht geöffneten) entspannten Lippen drücken, wie die Augen, ebenfalls Aufnahmebereitschaft aus. Diese Kombination erweckt einen empfänglichen und unschuldigen Eindruck. Diesem Blick liegt das Kindchenschema zugrunde, bei dem die unverhältnismäßig großen Augen des Säuglings Brutpflegereaktionen auslösen sollen. Um den männlichen Schutzmechanismus auszulösen, wenden OVERSEXED-Frauen diese Art des Blickes an. Audrey Hepburn, der Prototyp der rehäugigen Kindfrau, verleitet Fred Astaire in »Funny Face« (USA, 1957), ihr nicht nur bei der Instandsetzung des bei Fotoaufnahmen verwüsteten Buchladens zu helfen, sondern sie schließlich auch noch in die Arme zu nehmen und ihr einen heftigen Kuß auf die Lippen zu drücken.

Die gehauchte Stimme

Die Lautbildung erfolgt mit mehr Atemluft, als das beim Sprechen üblicherweise der Fall ist. Damit wird an die erhöhte Atemfrequenz und das größere Atemvolumen während des Sexualaktes erinnert.

Serge Gainsborough und Jane Birkin interpretierten das Lied »Je t'aime« weich und gehaucht, um dem Song seinen erotischen Touch zu geben.

In »Dick Tracy« (USA, 1990) verwendet Madonna den gehauchten Gesangsstil in besonders ausgeprägter Form in »Sooner or later (you gonna be mine)«. Als Nachtclubsängerin »Heiserchen« (»Breathless«) wird daraus zusätzlich ein rollencharakterisierendes Element.

OVERSEXED zu agieren bedeutet für den Schauspieler das Ausprobieren und Spielen mit der eigenen erotischen Anziehungskraft, in dem Bewußtsein, daß die Situation eine unmittelbare Begegnung mit »dem anderen« ausschließt. Er befindet sich damit in der spiegelverkehrten Situation des Zuschauers. Das Gegenüber, dem man sich hingibt, ist weniger ein Partner, sondern das Objektiv der Kamera. Die »öffentliche Distanz« wirkt in diesem Fall wie ein Schutzwall vor zu großer Intimität. Solange alles offenkundig Spiel ist und ohnehin für jede und jeden zugänglich ist, kann keine echte persönliche Nähe entstehen, die tatsächlich nur mit den beiden Beteiligten zu tun hat. So gesehen, kann man/frau sich hinter dem Vorwand der öffentlichen Distanz eine körperliche Offenherzigkeit erlauben, die aber im umgekehrten Maß zu einer inneren Öffnung der Gefühle und des Herzens steht.

Typische VertreterInnen

Sophia Loren, Elfi Eschke, Dolly Parton, Elvis Presley

Entspricht mein innerer Antrieb diesem WAY TO ACT?

Wer einen weiblichen runden Körperbau hat, der Lebensfreude, Sinnlichkeit und Fruchtbarkeit signalisiert, ist physisch für diesen WAY TO ACT prädestiniert. Aber auch unabhängig von den körperlichen Voraussetzungen läßt sich Weiblichkeit als lebens- und weisheitsspendend, weich und warm, empfinden.

Sie leben eine klare geschlechtliche Identität, bei der Üppigkeit, sei es als Körpermerkmal oder Lebensgefühl (im Genießen eines üppigen Males beispielsweise) eine große Rolle spielt. Ihr Handeln ist eher vom Sein aus der Intuition bestimmt als von rein formalen, nüchternen Überlegungen geprägt. Wenn Sie eher analog vergleichend denken, werden Sie sich hier wiedererkennen.

Die Stärken dieses WAY TO ACT

Sich immerwährend als physisches, sexuelles Wesen zu erleben, unabhängig vom unmittelbaren Ausleben geschlechtlicher Sexualität. Eine eindeutig sexuelle Identifikation mit dem eigenen Geschlecht zu empfinden und sich als Frau zu sehen und zu fühlen, ohne sich ausschließlich an einer für das männliche Auge bestimmten sexuellen Attraktivität zu messen. In diesem WAY TO ACT können aber sowohl Mann wie Frau ihre naturgegebene Sexualität im archetypischen Sinn leben und nicht in künstlich stilisierter Form.

Das Anheizen und Aufreizen macht dabei deshalb Spaß, weil das Flirtverhalten als Spiel deklariert und nicht auf die biologische Funktion der Fortpflanzung ausgerichtet ist. In einem soziologischen Umfeld, das tendenziell patriarchal ausgerichtet ist, riskieren Frauen, daß das Aussenden erotischer Stimuli als allgemeine Verfügbarkeit ausgelegt wird – zumal Männer das »visuell neugierigere Geschlecht« sind. Beobachtungen der Psychologin Diane McGuiness bei Kindern haben ergeben, daß die männliche Wahrnehmung weniger lange die Aufmerksamkeit halten kann: Jungen schauen häufig woanders hin, sind unentwegt mit optischen Eindrücken beschäftigt, während die Mädchen konzentrierter sind und offensichtlich mehr in sich ruhen.

Das Training zur Umsetzung dieses WAY TO ACT

Tanzen Sie zu einer aufwühlenden stimulierenden Musik, die Sie in Schwingungen versetzt. Lassen Sie sich von der Musik mitreißen, drücken Sie die rhythmischen Bewegungen mit Hilfe Ihres Körpers aus und konzentrieren sie sich dabei ausschließlich auf die Fülle Ihrer eigenen Empfindungen. Jede Emotion geht unmittelbar mit einer körperlichen Reaktion einher. Da »Gefühle letzten Endes Wahrnehmungen von Bewegungen im Organismus sind« (Alexander Lowen), beruht der Lustgewinn auf einer physiologischen Reaktion. Diese kann durch Faktoren, die die Aktivierung erhöhen, wie Mitklatschen, Schunkeln oder »Die-Welle-machen« verstärkt werden. Die eigene Körperenergie fließt dabei an die Peripherie, die Blutgefäße werden weit, und Wärme strömt von innen nach außen. Im Gegensatz zu negativen Gefühlen, bei denen die Körperenergie sich im Inneren konzentriert und das Gefühl von Kälte nach sich zieht.

Wo spiele ich diesen WAY TO ACT erfolgreich aus?

Überall dort, wo umsorgend, wärmend und Genuß vermittelnd als Eigenschaften gefragt sind. Hierzu zählen alle Tätigkeiten, die mit dem leiblichen Wohl verbunden sind, sei es im kulinarischen wie im heilend-pflegenden Bereich.
Ideal ist für diesen Typus u.a. das Gastgewerbe. Dort kann

die Sinnlichkeit über das leibliche Wohlbefinden (Liebe geht durch den Magen) überzeugend serviert werden. Als RestaurantbesitzerIn können Sie das mit Hilfe eines üppigen Buffets vermitteln, lassen Sie den Gast in kulinarischen Genüssen schwelgen und mit einer überschwenglichen Dekoration zum Genießen und Immer-wiederkommen verführen.

Christl, 43, ist ausgebildete Kellnerin und hat ihren idealen Arbeitsplatz nicht in der technisierten und lustfeindlichen Großstadt gefunden, sondern in der sinnlichen und ursprünglichen Bergwelt. Sie bewirtschaftet den ganzen Sommer lang ein Almgasthaus. Am Busen der Natur serviert sie ihren Gästen die ganze Üppigkeit der Bergwelt. Nicht nur in der Auswahl der naturbelassenen Speisen, sondern auch in ihrer Molligkeit vermittelt sie den Besuchern wohlige Geborgenheit. Wer ihr aus Überschwang allerdings zu nahe tritt, dem klopft sie augenzwinkernd auf die Finger.

Ihr Ruf als Hüttenwirtin ist in der ganzen Region bekannt, nirgendwo anders wird soviel Wärme und Wohligkeit geboten wie bei »der Christl«.

Wenn OVERSEXED übertrieben wird

Alle sexuell stimulierenden Signale werden mit eindeutigem Aufforderungscharakter eingesetzt. Dazu gehört jedes Werbesujet, das sexuelle Anspielungen verwendet, um auf ein Produkt aufmerksam zu machen.

Außerdem basiert jeder zwischenmenschliche Umgang, bei dem »Aufreißen« oder »jemanden anmachen« im Vordergund steht, auf Übertreibung. Der Typus des »Papagalli«, des sexuellen Draufgängers, stellt die Personifizierung der Übertreibungsform dar.

Positives Erleben

Erdig, sinnesfreudig, leidenschaftlich, eine Stimmung anheizen, genießerisch, gebend, umhüllend, warm, lustvoll, sinnesfroh, impulsiv.

Negatives Erleben

Aufreizend, lüstern, gierig, derb, vulgär, ordinär.

Wer mit wem?

Das Zusammenspiel wird gut mit einem Partner aus dem WAY TO ACT des ACTION PLAYING klappen, weil beide das Leben vital anpacken.
Weniger ideal ist die Zusammenarbeit mit dem BEAUTY & BEAU-Typus. Der OVERSEXED-Typ könnte darin mit seinen Ideen, Plänen und Vorschlägen als zu überschwenglich empfunden werden.

Lead Heavy
oder die Kunst,
sich stark zu machen

Im August 1991 droht Michail Gorbatschow im Obersten Sowjet aus innenpolitischen Gründen mit einem Ultimatum. Von Sicherheitsbeauftragten eskortiert, marschiert Gorbatschow mit entschlossenen, schnellen Schritten in das Gebäude. Konzentriert und mit gestrafftem Rücken steht er hinter dem Rednerpult. Mit einer dezidierten Handbewegung setzt er messerscharfe Grenzen. Mit einer knappen Bewegung hebt er den Kopf und erfaßt mit einem Blick das Plenum.

Was spricht aus LEAD HEAVY?

Der LEAD HEAVY-Typ steht *mit beiden Beinen fest auf dem Boden,* er tritt aber ebenso für eine Sache ein und geht sicher auf ein Ziel zu. Wenn er *sich in die Brust wirft,* macht er sich stark, indem er die Energie anspannt. Aus dem archaischen *Kampfschrei* wird das Erheben der Stimme, die Lautstärke schafft Distanz. *Die eiserne Faust* bedeutet, eine Sache fest im Griff zu haben. *Der entschlossene Blick* signalisiert, sich auf das geistige Ziel vor Augen zu konzentrieren.

»Rambo« (USA, 1984):
Man hat ihn hineingelegt. Bei seinen eigenen Leuten war es von Anfang an einkalkuliert gewesen, daß er von diesem Auftrag nicht mehr lebendig zurückkehren würde. Aber »Rambo« (Sylvester Stallone) hat sich durchgeschlagen.

Zum Armeestützpunkt zurückgekehrt, wird er endlich den Schreibtischhelden, der für den Verrat verantwortlich war, zur Rechenschaft ziehen. Entschlossen und voller Wut marschiert er auf das Office zu. Sein nackter Oberkörper glänzt schweißnaß vor Anstrengung und Hitze. Die Haut umspannt die geschwellten Muskeln und die hervortretenden Adern. Mit festen Schritten bahnt er sich den Weg, nichts und niemand wird sich ihm entgegenstellen. Ein vernichtender Blick trifft zwei hämisch grinsende Soldaten, ehe ein harter gezielter Schlag sie zusammenknicken läßt. Er wirft sich noch einmal in die Brust, stößt Kampfgebrüll aus und stürmt das Gebäude.

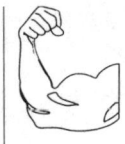

Quelle und Verlauf

LEAD HEAVY ist der WAY TO ACT, der den männlichen Archetyp repräsentiert. Es ist der Krieger, der hühnenhafte Held mit athletischem Körperbau. Alle »Schweren Helden« wie Tarzan und Herkules, die ihre Erscheinung würdevoll oder martialisch zur Geltung bringen, gehören in diese Kategorie. Muskelmänner des Varietés können als Vorläufer angesehen werden. Dieser WAY TO ACT ist zurückzuführen auf die physischen Merkmale von körperlicher Kraft und Stärke, die in der Zeit der frühen Menschheitsgeschichte für die Überlebenschancen von Vorteil waren. Mit kräftigen Schultern und massiven Oberarmen war »Mann« im Falle der Verteidigung zweifellos im Vorteil, und ein massiver Brustkorb garantierte ausreichendes Atemvolumen, um auf der Jagd nicht das Nachsehen zu haben. »Kraftlacklgebärden« sind eine charakteristische Verhaltensweise des Alltags, und statt des Lendenschurzes, der archaische Nacktheit preisgibt, werden die Muskelkonturen unter einem hautengen T-Shirt zur Schau gestellt.

Um die Wirkung eines LEAD HEAVY zu erzielen, kann man sich folgender Bewegungsmechanismen bedienen:

Der Schild

Dieser Code bezeichnet das Vorwölben des Brustkorbes ohne Einatmen, der dann wie ein Schild vor sich getragen wird. Meist werden dabei die Hände in die Hüften gestützt, ein zusätzlicher Cue, ein Hinweissignal für Wehrhaftigkeit.

Anthropologisch ist das Hervorrecken des Brustkorbes und mit den Fäusten gegen die Brust trommeln wie Gorillas eine männliche Geste. Die erstarkte Brust kann wie ein Schild benützt werden, um den Gegner, Körper an Körper zu verdrängen. Eine Haltung, die aber insofern nicht geschlechtsspezifisch ist, als einzelne Codes eines WAY TO ACT situationsbedingt »entlehnt« werden können. Auch die weibliche Brust kann zum Schild werden, wenn die Hände in die Hüften gestützt werden und die Daumen nach außen zeigen. In der sozialen Ikonografie ist der Daumen, der zu einem selbst zeigt, ein Symbol für Selbstbehauptung, während der Zeigefinger auch symbolisch auf das »Du« weist. (Diese Haltung bewirkt aber genau das Gegenteil, wenn die Finger vorne liegen und die Schultern nach hinten gezogen werden. Sie wirkt sexy und keineswegs mehr kämpferisch, da die Ellbogen leicht nach hinten zeigen und dadurch die Kontur des Busens stärker hervortritt. Eine Haltung, die etwa Sophia Loren oder Gina Lollobrigida in vielen Filmen eingesetzt haben. (Vergl. dazu im WAY TO ACT des OVERSEXED: Den Busen vorschieben.)

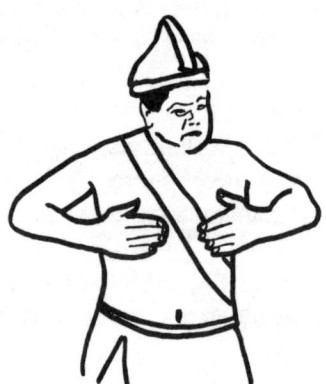

Der Schild

Durchatmen

Außerdem kann durch kräftiges Durchatmen, während dessen man die Spannung spürt, die letzte Sammlung aller Kräfte erreicht werden.

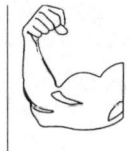

Aus dem Alltag kennen wir diesen Code als Aufforderung »Brust heraus, Bauch hinein«. Hinzu kommen weitere Effekte. Die Muskelanspannung senkt den Körperschwerpunkt und ermöglicht dadurch bessere Standfestigkeit. So müssen Tänzer, die beim Pirouettendrehen nicht umfallen und die Achse behalten wollen, den ganzen Oberkörper anspannen. Weiters senkt ein Muskelpanzer die Schmerzempfindlichkeit. Ein Schlag auf einen angespannten Muskel tut weit weniger weh als auf einen entspannten. Dieser Mechanismus hat auch auf der psychischen Ebene Gültigkeit: Auch die seelische Verletzbarkeit sinkt, wenn der Atem angehalten und die Muskeln angespannt werden. Denn das Ein- und Ausatmen bedeutet Bewegung und Emotion – im wörtlichen Sinn. Wird also die Beweglichkeit unterbunden, können auch Gefühle nicht fließen.

Der Schrei aus voller Kehle

Jede Eroberung, jedes Erstürmen wird von einem Schrei begleitet. Einem Angriff geht zumeist ein Schlachtruf voraus. Kampfgebrüll entfährt keinem, der »schwach auf der Brust« ist. Damit wird schließlich auch die Lungenkapazität unter Beweis gestellt, der »lange Atem«.

Stimmgewalt kann als Zeichen der Aggression eingesetzt werden, um den Gegner einzuschüchtern oder um sich selbst Mut zu machen. Im Kampfgeschehen ist der Moment des Schreiens mit dem physischen Impuls gekoppelt, die Schlagkraft nach außen zu katapultieren. In der zivilen Version hält man jemanden in Schach und auf Distanz, wenn man ihn anschreit. Man erweitert dadurch akustisch seinen Radius und drängt den anderen zurück. Ein Effekt, der häufig in Comics zu finden ist.

Der Tarzanschrei, den Johnny Weissmüller so eindrucksvoll als jodelnden Dschungelruf kreiert hat, wurde zum Charakteristikum dieser Rollenfigur.

Schrei aus voller Kehle

Der Kampfschrei

Auch fernab eines kriegerischen Szenariums setzt das Schreien Kräfte frei und trägt damit zu Sieg oder Niederlage bei. Nachdem, wie bereits erwähnt, Monica Seles bei einem Wimbledon-Turnier versucht hatte, auf ihre berühmten und bei ihren Gegnerinnen berüchtigten Lautmalereien zu verzichten, verlor sie das Match prompt. Als sie beim nachfolgenden US Open aber dann doch wieder jeden Schlag mit einem lauten Stöhnen begleitete, gewann sie dieses souverän.

Mit beiden Beinen fest auf dem Boden stehen

Man kann »für eine Sache eintreten« und »ein sicheres Auftreten« besitzen. Jemand kann einen Schritt »wie ein Dragoner« haben oder »treten, daß kein Gras mehr wächst«. All diese Redensarten weisen auf Stabilität, auf Statik hin. Ein LEAD HEAVY kann als Anführer vorangehen oder sich einem Kontrahenten entgegenstellen. In beiden Positionen wird er über Standfestigkeit verfügen müssen.

Um den Schritt sicher zu machen, muß die ganze Fußsohle aufgesetzt werden – um genügend Bodenkontakt zu haben, sich gewissermaßen zu erden und nicht nur mit der Kante des Fußes aufzutreten, wie das bei Persönlichkeitsstrukturen mit mangelndem Körpergefühl, beispielsweise bei Schizoiden der Fall ist.

Der feste Griff

Ein LEAD HEAVY muß seine Sache im Griff haben. Es gehört dazu, Probleme in Angriff zu nehmen, Wichtiges aufzugreifen oder einfach zuzupacken. In jedem Fall geht es darum, Handlungsbereitschaft zu zeigen, was in ganz unterschiedlicher Weise erfolgen kann. Einerseits durch das Festhalten eines Gegenstandes, das sogenannte »Faustpfand«, oder zur Selbstverteidigung, wie aus dem Begriff des »Faustrechts« hervorgeht, wodurch gewissermaßen an der eigenen Unversehrtheit festgehalten wird. Beim An-Greifen verschmelzen diese beiden zunächst gegensätzlich erscheinenden Funktionen. Dabei kann es sich sowohl um eine bedrohende Aktion als auch um eine Vertrauensbekundung handeln. Damit wird die Entschlossenheit, den Gegner in die Hand zu bekommen, verdeutlicht.

Die Faust ballen

Der revolutionäre Gruß mit erhobener geballter Faust signalisiert die ungebrochene Kampfbereitschaft. Die Faust als Waffe könnte jeden Augenblick heruntersausen.

Jane Fonda ballte in ihrer Zeit als politische Aktivistin bei Ansprachen die Faust, um die Durchschlagskraft ihrer Ideen zu unterstreichen.

Der entschlossene Blick

Damit lassen sich Redewendungen wie »ein Ziel vor Augen haben«, »ins Blickfeld geraten« oder – wenn wir auch die Rüstungen inzwischen abgelegt haben – »den Gegner ins Visier nehmen« verbinden. Den entschlossenen Blick kann man als ruhig und wach auf ein Objekt oder in eine Richtung

gewandt beschreiben. Die Iris befindet sich dabei in der Mitte des Auges, man schaut geradeaus. Im Gegensatz dazu stehen die flackernden Augen oder der leere Blick.

Fixieren

Hier kommt die Fähigkeit des Menschen zum Tragen, seine Aufmerksamkeit ganz auf ein Objekt zu konzentrieren, so daß er es von vielen Seiten so klar wie möglich wahrnehmen und verstehen kann. Man spricht in diesen Fall von »fokaler Aufmerksamkeit«.

So läßt der fixierende Blick des amerikanischen Starmoderators Larry King, den er auf seinen Gesprächspartner oder in die Kamera richtet, darauf schließen, daß er die volle Aufmerksamkeit auf sein Gegenüber richtet. Ein Eindruck, der durch leichtes Vorneigen noch intensiviert wird. Daß der Sprung vom LEAD HEAVY zum Opinionleader kein so großer ist, wird außerdem durch Larry Kings Outfit bestätigt. Die dick umrandete Brille umrahmt und betont den fixierenden Blick, die breiten, meist dunklen Hosenträger über dem weißen Hemd erwecken den Eindruck breiter Schultern. Empirische Untersuchungen bei Nachrichtensprechern haben gezeigt, daß der lange Blick die Funktion des Appells an die Aufmerksamkeit des Zuschauers hat.

Der anthropologische Ursprung des fixierenden Blicks ist zweifellos das Anstarren als Drohgebärde, bei dem aber, im Gegensatz zum fixierenden Blick, die Augen weit aufgerissen sind. Kinder üben das Dominanzverhalten des fixierenden Blicks instinktiv: Wer beim gegenseitigen Sich-in-die-Augen-Schauen den Blick zuerst senkt, hat verloren.

Fixierender Blick eines LEAD HEAVY

Typische VertreterInnen

Arnold Schwarzenegger, Monica Seles,
Michail Gorbatschow, Margaret Thatcher

Entspricht mein innerer Antrieb diesem WAY TO ACT?

Ich kann mich zu diesem Typus zählen, wenn entweder meine körperliche Erscheinung hühnenhaft ist oder ich innere Größe ausstrahle, indem meine Überzeugungskraft von Ruhe, Sicherheit, Gelassenheit und innerer Festigkeit getragen ist.

Die Stärken dieses WAY TO ACT

Die innere Festigkeit dient als Basis für die Stärke, die nach außen hin signalisiert wird. Es geht weniger darum, im physischen Sinn »die Muskeln spielen zu lassen« als um das Signalisieren von Unbeirrbarkeit und Stärke auf ideeller Ebene. Sich als LEAD HEAVY zu geben, bedeutet, sich sowohl für den Kampf als auch für eine Idee stark zu machen. Man/frau kann sich alle Attribute eines Kriegers aneignen, ohne diese tatsächlich in einem Kampf einsetzen zu müssen. Der Gewinn ist die eigene Körperkraft durch die Muskelanspannung. Das kann sowohl für einen Protagonisten hinter dem Rednerpult gelten, als auch für einen Schauspieler, der sich für eine martialische Szene »in die Brust wirft«.
Verhaltensformen wie die des LEAD HEAVY eignen sich insofern zum physischen Miterleben, als hier der Carpenter-Effekt (siehe auch Kapitel ACTION PLAYING) zum Tragen kommt. Das Wahrnehmen einer akzentuierten Bewegung, wie das Ausholen mit dem Schwert, löst auch beim Rezipienten eine rudimentäre Mitbewegung der Muskeln aus, die aber nicht bewußt wahrgenommen wird. Dabei erhöht

sich das Aktionspotential, und elektrische Impulse führen zu leichten Muskelkontraktionen. Beim Zuschauer wird durch den Grad der Muskelanspannung, das heißt den Krafteinsatz des eigenen Körpers, der sogenannte »Spannungs- und Kraftsinn« angesprochen.

Das Training zur Umsetzung dieses WAY TO ACT

Treten Sie beim Gehen so auf, daß das ganze Gewicht ihrer Persönlichkeit in ihrem Schritt liegt, und leisten Sie der Tragfähigkeit des Bodens Widerstand. Stellen Sie sich vor, daß eine gedachte Achse vom Scheitel durch die Mitte ihres Körpers eine stabile Verbindung bis zum Erdmittelpunkt herstellt, die Sie fest verankert.

Wo spiele ich diesen WAY TO ACT erfolgreich aus?

Überall dort, wo er/sie in einer Führungsposition einem Team vorsteht, wird er/sie der Qualität, wie »ein Fels in der Brandung« zu stehen, voll gerecht. Auch Traditionen zu bewahren werden diesem Typus entsprechen. Er ist ausdauernd und hat daher einen langen Atem, um langfristige Projekte durchzuführen und weitgesteckte Ziele zu erreichen, aber auch in anderen Berufen kann man sich einzelne Bewegungsmuster aus diesem WAY TO ACT aneignen, um ein Ziel zu erreichen.

Renate, 32, Sekretärin in einer Rechtsanwaltskanzlei, möchte ihren Chef um eine Gehaltserhöhung bitten. Schon mehrmals abgewiesen, wird sie diesmal die Kunst, sich »starkzumachen« anwenden. Sie wird Rückgrat beweisen und geht zielstrebig auf das Chefbüro zu. Entgegen ihrer sonstigen Angewohnheit nestelt sie diesmal nicht an ihren Ohrringen herum. Sie läßt auch den Blick nicht abschweifen, sondern schaut ihrem Gegenüber fest in die Augen.

Statt mit flüsternder Stimme bringt sie ihre Forderung ruhig und konsequent im Brustton der Überzeugung vor und erreicht diesmal, was Sie sich vorgenommen hat.

Wenn LEAD HEAVY übertrieben wird

Die Standfestigkeit kann jedoch in Starre umschlagen, in Verhärtung und in ein schwerfälliges Auf-der-Stelle-Treten. Das sichere Vorangehen könnte zu einem Überrollen der Gesprächspartner werden. Ebenso läuft dieser Typus Gefahr, Traditionsbewußtsein in Engstirnigkeit umschlagen zu lassen.

Positives Erleben

Unerschütterlich, standhaft, zielstrebig, ruhig, gelassen, kraftvoll.

Negatives Erleben

Starrsinnig, unnachgiebig, rechthaberisch, engstirnig.

Wer mit wem?

Eine gute Ergänzung stellt ACTION PLAYING dar, dessen Dynamik sich mit der Beständigkeit des LEAD HEAVY gut verträgt.
Das übertriebene Agieren des COMICS PLAYING könnte dagegen in einer Beziehung problematisch werden, da es vom LEAD HEAVY-Typus als ineffizient angesehen wird. Er würde schnell die Geduld verlieren und sein Gegenüber nicht mehr ernst nehmen.

Beauty & Beau
oder die Kunst
der Hingabe

Sie kennen sicher den Werbespot mit dem Slogan »Ist das weich – ist das neu?« »Nein, mit ›Fewa Wolle‹ gewaschen.« Dieser Clip setzt zielgerichtet die Bewegung des Sich-Hineinschmiegens ein, um die Attribute »weich« und »kuschelig« als Wascheffekt zu veranschaulichen. Wenn die Trägerin des »Fewa-Pullovers« den staunenden Passanten in der Straßenbahn und auf der Rolltreppe begegnet, führt sie immer wieder die Bewegung der Selbstumarmung aus, um das Anschmiegsame als Folge der Produkteigenschaft hervorzuheben.

Was spricht aus BEAUTY & BEAU?

Im *versonnenen Blick* lenkt man die Aufmerksamkeit nach innen und rückt so ein wenig von der Außenwelt ab. Wer *liegt wie hingegossen,* der läßt sich tragen und hat Widerstand und Gegendruck sowohl physisch als auch psychisch aufgegeben. *Die melodiöse Stimme* klingt gleichmäßig und angenehm, ohne aufgeregte Spitzen oder dröhnendes Poltern. Es ist das Im-Gleichklang-Schwingen des/r Betreffenden, das hörbar ist. Wer *sich geneigt zeigt,* öffnet seine Ich-Grenzen. Man/frau wendet Körper und Aufmerksamkeit ohne Mißtrauen einer Person oder einer Angelegenheit bzw. einer Sache zu. *In Schönheit erstrahlen* beschreibt die sichtbare Auswirkung innerer Ausgewogenheit im Ebenmaß der Gesichtszüge.

»Atemlos« (USA, 1982):
Monica (Valerie Kaprisky) befindet sich an einem schwülen
Sommertag in ihrem Appartement. Träge lehnt sie in ihrem
Schreibtischsessel, wiegt sich gedankenverloren hin und
her. Sie läßt die Zugluft durch ihr Haar wehen, während sie
mit einem kühlenden Eiswürfel über ihre Haut streicht.
Sie gleitet schließlich vom Stuhl und schlüpft in die lose
Bluse.

Quelle und Verlauf

Beauties haben einen unverzichtbaren Platz in unserer Kul-
turgeschichte, weil sie den Mythos der Unschuld verkörpern. Beauties und Beaus sind aber nicht einfach nur hüb-
sche Menschen. Der Begriff der Beauty beinhaltet gedankliche und gefühlsmäßige Verbindungen, die über formale
Schönheitsstereotypen hinausgehen.
BEAUTY & BEAU gibt den Zustand wieder, den man als »ado-
leszente Unschuld« bezeichnen könnte. In dieser Phase gilt
noch die wertfreie Harmonie der Einheit, noch ist keine
polarisierende Spaltung in Gegensatzpaare erfolgt. Hier
hat die Unschuld durch Nicht-Wissen ihren Platz. Die Einheit
geht erst mit der Erkenntnisfähigkeit verloren. Es folgt die
Unterscheidung zwischen Frau und Mann, Gut und Böse,
materiell und geistig.
Die klassische BEAUTY bewegt sich in reinen weißen
Gewändern, die weit umhüllend sind, um keine Körperkon-
turen zu zeigen. Der typische BEAU ist in der Figur des Prinzen repräsentiert, die BEAUTY in der »Schneewittchen«-
oder »Dornröschen«-Figur.
Aber auch lustvolles Anschauen und Angeschaut-werden
beinhaltet dieser WAY TO ACT. In der bildenden Kunst ist
dieses Prinzip in Bildern wie »Susanna im Bade« von Tizian
verewigt. Am besten beschreiben läßt sich dieser WAY TO
ACT mit dem Stichwort »Romantik«.

Der versonnene Blick

Diese Art des Schauens ist dadurch charakterisiert, daß sie nicht auf ein bestimmtes Ziel gerichtet ist. Die Aufmerksamkeit richtet sich nach innen. Es wird kein aktiver Augenkontakt mit der Umwelt geschlossen, man ist »in sich selbst versunken«. Im Gegensatz zum Bewegungsmuster »Sichgeneigt-zeigen«, das sich auf die Hinwendung und Verschmelzung mit einem Objekt bezieht, bleibt hier die eigene Gedanken- und Gefühlswelt im Zentrum. Diese Art des Schauens steht damit im Gegensatz zum entschlossenen Blick eines LEAD HEAVY. Man kann unterscheiden zwischen »ins Narrenkastl schauen« und dem »verträumten Blick«.

Bei Kurzsichtigen kann das Abnehmen der Brille zu einem bewußten Code der Hingabe werden. In dem Augenblick, in dem durch das Absetzen der Brille die Sehschärfe reduziert wird, konzentriert sich der Blick auf das nunmehr begrenzte Sehfeld, ist weniger weit nach außen gerichtet und reduziert so die Distanz zum Gegenüber.

Ins Narrenkastl schauen

Das entscheidende Signal für Präsenz, nämlich die Blickrichtung und Blickintensität sind durch eine geringe Augentiefe stark herabgesetzt. Man macht einen abwesenden Eindruck und ist es in gewisser Weise auch. Der Effekt ist, daß man sich wie beim entschlossenen Blick Raum schafft, nur in entgegengesetzter Weise. Ist es beim entschlossenen Blick der Energieaufwand, der Raum verschafft, so geht man beim versonnenen Blick auf Distanz, indem man zurückweicht.

»Von-der-Welt-entrückt-sein« oder der Begriff der Selbstversunkenheit beschreiben den Vorgang des Sich-von-der-Welt-Zurückziehens. Man geht in eine innere Welt. Zuweilen bis in die innere Emigration, was sich im charakteristischen Blick schizoider Personen ausdrückt. Die Redewendung »ins Narrenkastl schauen« ist ein wichtiger Rückzugsmechanismus, wenn die äußere Reizüberflutung überhand nimmt. Diese notwendige Reaktion hat ihren Ursprung in der Phase der Adoleszenz, in der Jugendliche ihre ganze Aufmerksamkeit auf ihre Entwicklung richten müssen. Bruno Bettelheim führt diesen Zustand genauer aus: »Zu einem Sich-nach-innen-Kehren, das nach außen hin wie Passivität (oder Verschlafenheit) wirkt, kommt es dann, wenn sich in dem Betreffenden innere Prozesse von solcher Wichtigkeit abspielen, daß er keine Energie mehr für nach außen gerichtete Aktionen übrig hat.«

Liegen wie hingegossen

Dieser Mechanismus steht für den allgemeinen Zustand der körperlichen und geistigen Entspannung. Die Kontrolle über die Körperspannung wird reduziert. Loslassen und »die Seele baumeln lassen« heißt die Devise. Man gibt sich den Elementen Sonne, Wasser, Wind hin, leistet der Schwerkraft keinen Widerstand und verzichtet auch geistig-seelisch auf Druck und somit (dem esoterischen Prinzip folgend) auf Gegendruck.

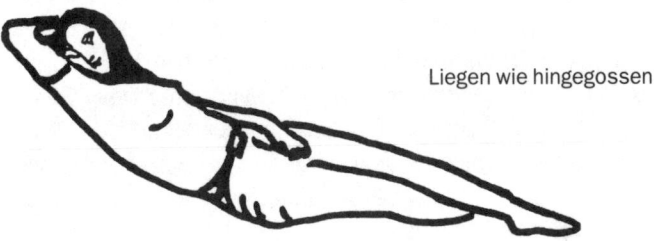

Liegen wie hingegossen

Schweben – Lehnen – Gleiten

Hier geht es darum, das eigene Gewicht abzugeben und auf ein anderes Objekt oder eine andere Person zu übertragen. Das führt zu fließenden Bewegungen, für die keine Kraftanstrengung erforderlich ist.

Schweben: Den Eindruck von Schwerelosigkeit vermittelte das russische Eistanzpaar Klimova/Ponomarenko bei der Eiskunstlauf-WM 1992. Alles fließt, das Paar gleitet über das Eis, die gesamte Kür wirkt wie aus einem Guß. Um den Bewegungen den richtigen Akzent zu geben, läßt sich Klimova in Figuren, bei denen sie sich von ihrem Partner auffangen lassen muß, geradezu hineinfallen. Auch ihr äußeres Erscheinungsbild entspricht dem einer BEAUTY: offene wehende Haare, der flatternde durchscheinende Schleier des Kostüms, ein Make-up, das durch helle Rottöne für Lippen und Wangen blutdurchströmte Frische signalisiert.

Schweben beim Eislaufen:
Das Eistanzpaar Klimova/Ponomarenko

Lehnen: Um als BEAUTY-ACT identifiziert zu werden, ist der Moment des Loslassens wesentlich. Das bedeutet nicht, sich plötzlich fallen zu lassen – dabei wäre für diesen WAY TO ACT zu viel Energie im Spiel –, sondern vielmehr das Nachlassen der Körperspannung und die Kraftübertragung auf ein festes, ruhendes Element. Patricia Kaas hat diesen Code bei ihrem Wien-Konzert 1993 eingesetzt, um den Touch der Romantik, den sie auch durch die Wahl ihres Kostüms (ein glockiges Kleid mit Blumenmotiven) vermittelt hat, zu unterstreichen. Bei der Interpretation des Liedes »Lili Marleen« lehnt sie sich an eine Laterne. Der Augenblick des Loslassens war aber zu undeutlich, wodurch der Eindruck von Manieriertheit entstanden ist.

Gleiten: In diesem Code sind alle gleitenden Bewegungen zusammengefaßt: vom Sessel gleiten, ins Wasser gleiten, aber auch den Mantel von den Schultern gleiten lassen. Das Ein- und Auftauchen Ester Williams' beispielsweise in »Badende Venus« (USA, 1944) erfolgt als weicher Bewegungsablauf, wie er auch dem Element Wasser entspricht. Um so erstaunlicher, daß Synchronschwimmerinnen, sobald es sich um eine sportliche Veranstaltung handelt, Kopf und Arme mit militärischer Zackigkeit bewegen.

Gleiten und Fließen-lassen wird auch in der Werbung eingesetzt: Das »Bacardi-Feeling« beruht auf ins Glas fließendem Alkohol, Flattern und Wehen von Haaren im Wind und Blättern im Regen, auf dem Ziehen von Wolken am Himmel und einem Boot im Wasser. Durch Hingabe-Codes wird Zugriffsmöglichkeit signalisiert.

Kuschelhaltung
Diese Haltung bezeichnet das Sich-an-etwas-Anschmiegen, auch in die eigene Umarmung. Desmond Morris beschreibt die Haltung als »leere Umarmung«: »Das Umarmen oder Umfassen der Schultern gibt uns ein starkes Gefühl der Geborgenheit, weil wir dabei als Erwachsene vorübergehend das kindliche Gefühl wiedererleben, das wir, an die riesigen Körper unserer Eltern geschmiegt, empfanden. Als wir sehr klein waren, empfanden wir am meisten liebevolle Fürsorge und Geborgenheit, wenn wir uns wie Primaten am Körper eines Erwachsenen festklammerten. Das taten wir, wenn wir uns fürchteten, um Trost und Sicherheit zu suchen, und wenn wir glücklich waren, um andere an unserer Freude teilhaben zu lassen. Als Erwachsene machen wir es ebenso, und wenn gerade niemand da ist, den wir umarmen könnten, umarmen wir uns selber. Wenn wir das tun, verwandeln wir uns vorübergehend in zwei Personen: Die Schultern sind unsere eigenen, doch die Arme sind symbolisch die eines anderen, der uns in unserer Vorstellung umarmt, um uns ein Gefühl von Geborgenheit und Sicherheit zu geben.«

Kuschelhaltung

Das »Sich-geneigt-Zeigen«

ist eine Geste der Demut und des Respekts; man wehrt den anderen nicht ab, sondern zeigt sich aufnahmebereit. Psychologisch betrachtet, werden dabei die Ich-Grenzen geöffnet – die Voraussetzung, um etwas verinnerlichen zu können. Diese Geste signalisiert ursprünglich die Hinwendung zu Gott und die Unterordnung unter das Höhere Gesetz. Wie alle Gebets- und Meditationshaltungen sind die einzelnen Körperhaltungen äußere Hilfsmittel, um den inneren Zustand zu erreichen. Das »Sich-geneigt-Zeigen« ist eine komplexe Haltung, die aus mehreren Elementen besteht: den Kopf zur Seite neigen, den Blick senken oder zum Himmel emporheben, die Hand aufs Herz legen oder die Hand an den Hals führen. Dabei treten immer mehrere Cues gleichzeitig auf, und die Veränderung einzelner Cues löst eine Sinnveränderung (z. B. Verniedlichung durch direktes Anlächeln) aus.

Die Hand an die Kehle legen

Es ist anzunehmen, daß diese Haltung, weil ursprünglich spirituell, im Zusammenhang mit der Funktion des fünften Chakras steht, das dem Hören zugeordnet ist. Nicht nur dem Hören akustischer Klänge, sondern auch dem Lauschen der offenen und verborgenen Stimmen der Schöpfung. Vilém Flusser hat dazu folgende Überlegung angestellt: »Wirft man (...) vom Standpunkt der Gestik einen Blick auf die mittelalterliche Ikonografie, dann begegnet man der Geste des Hörens als einem der zentralen Themen. Sie ist die Gebärde Marias bei der Empfängnis, die Gebärde des Befruchtetwerdens durch das Wort (logos). (...) Die Renaissancegeste der empfangenden Maria bestätigt diese These: Maria horcht, und das heißt gehorcht, sie schmiegt sich der zu empfangenden Botschaft an.«

Hand aufs Herz

ist eine häufig zu beobachtende Geste, die die Verbeugung vor dem Publikum nach gelungener Vorstellung begleitet. Desmond Morris beschreibt deren Entstehungsgeschichte: »Die Geste, sich eine Hand auf die Brust zu legen, ist uralt und geht auf das klassische Griechenland und noch weiter zurück. Sie wurde als Zeichen der Loyalität benutzt, aber auch, wenn man einen Eid leistete. Für griechische Sklaven war es eine Geste des Gehorsams, die bedeutete, daß sie die Befehle ihres Herrn erwarteten. Heute kann man sie in den Vereinigten Staaten häufig bei Personen, die nicht dem Militär angehören, anstelle des üblichen militärischen Saluts beobachten, wenn die Nationalhymne gespielt wird. Der Ursprung dieser Geste ist offensichtlich – sie steht symbolisch für Hand aufs Herz, aber weniger offensichtlich ist, wofür das Herz selbst in diesem Zusammenhang steht. In modernen Zeiten stellen wir uns das Herz als Sitz der Gefühle und Empfindungen vor, aber in alten Zeiten, als diese Geste entstand, war das ganz anders. Damals wurde das Herz als die eigentliche Essenz des Menschen angesehen, als seine Intelligenz und Mittelpunkt seines Seins. Das war es, was die Alten symbolisch berührten, wenn sie

mit der Hand auf dem Herzen dastanden. Das Gehirn wurde in jenen frühen Zeiten ganz schlicht als Instrument der Intelligenz des Herzens angesehen.«

Verschmelzen

Hier setzt das vierte Chakra, das Herz-Chakra ein, das der Seinshingabe zugeordnet wird. Durch die Öffnung der Ich-Grenzen gelingt es, eins zu werden mit der Musik, mit einer Tätigkeit, mit einem anderen. Es ist dieselbe Art der Seinshingabe, wie sie in der spirituellen Meditation gesucht wird.

Das Eins-Sein von Inspiration, aktiver Tätigkeit und Produkt, das den kreativen Schöpfungsprozeß ausmacht, läßt sich bei SängernInnen am unmittelbarsten nachvollziehen. Nicht nur weil der Stimmausdruck zu den subtilsten seelischen Ausdrucksmöglichkeiten zählt, sondern auch, weil Singen auf dem Lebensprinzip von Ein- und Ausatmen beruht; man setzt quasi seinen Lebensatem ein.

In Schönheit erstrahlen

Eine positive Gemütsverfassung geht mit einem erhöhten Energieniveau einher. Die »Sonne, die man im Herzen hat«, strahlt tatsächlich nach außen. Es handelt sich dabei um eine Schönheit, die auf dem apollonischen Prinzip beruht (Apoll gilt als Träger des Lichtes). Sie drückt sich in harmonischen Gesichtszügen und Bewegungen aus. Weiters beinhaltet dieser Mechanismus das Schönheitsprinzip, das den Naturgesetzen von Symmetrie und Lebenserhaltung folgt.

Schönheit als Kennzeichen von Lebenserhaltendem

Signale für Frische, Sauberkeit und Natürlichkeit (Naturbelassenheit) weisen auf vitale Qualitäten hin, ähnlich wie ein guter Geschmack Merkmal für eine nützliche Speise ist. Unter dem Titel »Speisenbevorzugung und Körper- sowie Gesichtsschönheit« finden sich bei Martin Schuster u.a. folgende Vergleiche: »Es ist der hellbraune Teint, der die Schönheit ausmacht und der auch einer leckeren Speise zukommt (z. B. einer Kokosnuß). Weiße Zähne (und weißer Augenhintergrund) lassen sich als weißes Fruchtfleisch auffassen, das hinter der rot-fruchtig aufgeworfenen Schale (Lippen) sichtbar wird. Die Frucht muß enthaart werden, um eßbar zu sein. Haare werden im Dienst der Partnerreaktion oft entfernt.« Tatsächlich wird demnach auch Krankes als häßlich empfunden. Die Ausstellung »Herzklopfen« im Wiener Naturhistorischen Museum 1994 zeigte in Spiritus eingelegte menschliche Herzen, deren Besitzer einem Herzinfarkt erlegen waren. Diese Herzen waren so vernarbt, faserig und durch die Krankheit verfärbt, daß der optische Eindruck überaus abstoßend war.

Frische und Natürlichkeit zu suggerieren entspricht dem gegenwärtigen Make-up-Trend der Fotomodelle. Auf der Suche nach einer möglichst feinporigen und glatten »Pfirsichhaut« werden Fotomodelle im Teenageralter engagiert.

Auch in Comics entsprechen die Märchenfiguren diesem Ideal, sie sind Gestalten »wie aus Milch und Blut«. Etwa Prinz Eisenherz mit seinen glänzenden blauschwarzen Haaren, mit den ebenmäßigen, feinen Gesichtszügen, den roten Lippen und Wangen. Dieses archaische Schönheitsideal symbolisiert bei Prinzen und Prinzessinnen im Märchen Vollkommenheit.

Die Sonne im Herzen haben

Bekanntlich haben fröhliche Menschen einen hohen Energiespiegel, man kann ihnen die gute Laune förmlich ansehen. Wenn jemandem »das Herz aufgeht«, hat er also tatsächlich eine energetische »Ausstrahlung«. Diana Ross vermittelt das Gefühl, als wolle sie vor Freude die Welt umarmen. Voller Überschwang breitet sie die Arme in Richtung ihres Publikums aus. Immer wieder dreht sie sich, wirbelt mit offenem Cape über die Bühne. Die weit geöffneten Arme, die Handflächen nach außen gerichtet, erinnern dabei an die offene Gebetshaltung katholischer Priester.

Die Energie positiver Ausstrahlung strömt über die Augen nach außen und fließt über die Arme bis in die Fingerspit-

zen. Wer als Ausführender diesen Energiestrom selbst spüren kann, weiß, daß er auch sein Publikum erreicht.

Typische VertreterInnen

Prinzessin Diana, Whitney Houston, David Hasselhoff, Julia Roberts

Entspricht mein innerer Antrieb diesem WAY TO ACT?

Wenn Sie von Haus aus mit harmonischen Proportionen ausgestattet sind, äußeres Ebenmaß besitzen, das Ihre innere Harmonie widerspiegelt, und klare Farben der Augen, Haut und Haare haben, bringen Sie die äußeren Voraussetzungen für diesen Typus mit. Ist Ihre innere Haltung einnehmend und einfühlsam, wird sich diese angenehm empfundene Wesensart auch in den Gesichtszügen ausprägen.

Die Stärken dieses WAY TO ACT

Der erstrebte Zustand ist das »Eins-Sein mit sich und der Welt«. Er beinhaltet aber auch die Dimension des »Loslassen-Könnens«. Das Resultat dieses Prozesses spiegelt sich in äußerer Schönheit durch innere Harmonie wider. Eine Schönheit, die nicht auf Paarungsverhalten ausgerichtet, aber durchaus sinnlich ist. Man/frau freut sich am Schönen und genießt harmonische Proportionen. Das gilt gleichermaßen für den eigenen Seelenzustand wie auch für die Außenwelt.

Mann und Frau stehen in einem spannungsfreien, weil nicht sexuell dominiertem Verhältnis zueinander. Die Welt wird im Gleichklang erlebt, weil prinzipiell das »Annehmen« und

nicht das »Abgrenzen« oder »Von-sich-Weisen« lebensbestimmend sind. Selbstverliebtheit und Freude daran, sich im Spiegel anzuschauen, werden ebenfalls in diesem WAY TO ACT gelebt.

Das Training zur Umsetzung dieses WAY TO ACT

Stellen Sie sich vor, Sie sitzen an einem klaren, strahlenden Wintertag in einem Liegestuhl am Gipfel eines Bergmassivs. Der Schnee glitzert, und der Himmel ist strahlend blau. Sie machen es sich bequem, lehnen sich entspannt zurück und lassen sich von der kräftigen Sonne erwärmen. Alles ist ruhig um Sie herum, sie sind völlig gelöst und im Einklang mit sich selbst.

Wo spiele ich diesen WAY TO ACT erfolgreich aus?

Der BEAUTY & BEAU-Typus ist hervorragend in Führungspositionen eingesetzt. Hier kommt eine Autorität zum Vorschein, die nicht auf gewaltsamer Durchsetzung beruht, sondern auf der Hingabe an eine Sache und an Personen. Besonders zeigt sich diese Stärke in der Mitarbeitermotivation und -führung.

Oliver, 27, Dr. phil., ist mit seinem Dienstleistungsunternehmen überaus erfolgreich. Sein Geheimnis liegt unter anderem darin, seinen Mitarbeitern stets ausgeglichen gegenüberzutreten, ein launischer Chef ist seinem Team unbekannt. Er besitzt die Geduld abzuwarten, wohin sich jemand entwickelt, um ihn/sie zum jeweiligen Zeitpunkt bestmöglich einzusetzen. Eine starke Motivation und ein gleichmäßig hohes Arbeitsniveau ohne Reibereien und Unzuverlässigkeiten sind das Ergebnis dieses Führungsstils.

Wenn BEAUTY & BEAU übertrieben wird

Wer in diesem WAY TO ACT überzeichnet, wird zur aalglatten Persönlichkeit, einem »Strahlemann« ohne inneren Tiefgang. Wer es nicht versteht zu altern und künstlich an ewiger Jugend festhält, schießt ebenfalls über das Ziel hinaus. Ebenso verfehlt wäre es, eine »Rühr-mich-nicht-an-Mentalität« zu entwickeln.

Positives Erleben

Optimistisch, offen, hell, einnehmend, hingebungsvoll, gelöst, entspannt.

Negatives Erleben

Lasch, träge, selbstbespiegelnd, kalt, metallisch.

Wer mit wem?

Mit dem ACTION PLAYING-Typus kann es aufgrund eines sehr unterschiedlichen Aktivierungsniveaus schwierig sein, dasselbe Arbeitstempo zu entwickeln.
BEAUTY & BEAU wären für den ACTION PLAYING-Typus vielleicht etwas zu langsam, während dieser hingegen als zu hektisch empfunden würde.
Eine dauerhafte Ergänzung wird sich mit MOVING IMAGES ergeben, beide können sich ungeachtet eigener Interessen einer höheren Idee unterordnen und sich dafür einsetzen.

Fellini's Faces
oder die Kunst,
sein Stigma zu überwinden

Mit der Einstellung »Der liebe Gott hat mich zum Stotterer gemacht, um geduldige Zuhörer zu bekommen« hat der amerikanische Diskjockey John Scatman das Stottern salonfähig gemacht. Sich verhaspeln, keinen geraden Satz herauszubringen, empfinden die Betroffenen im sozialen Umgang zumeist als Handicap, um etwas aus sich zu machen. John Scatman aber ist geradezu zur Kultfigur avanciert. Seine CD »I'm a Scatman« wurde zum Top-Hit.

Was spricht aus FELLINI'S FACES?

Wer *die Flucht nach vorne antritt,* betont seine Abweichung bewußt, überhöht und übersteigert sie und wird im »Coming out« und nicht in der Unterdrückung seine Energie entwickeln. *Aus der Not eine Tugend zu machen,* heißt die Abweichung mit anderen Augen zu sehen, sie anders als ablehnend und herabwürdigend zu bewerten. Wem es gelingt, *über sich hinauszuwachsen,* hat auf irgendeinem Gebiet eine Fähigkeit erworben, die so perfekt beherrscht wird, daß sie von der physischen Abweichung zur Gänze ablenkt und diese vergessen läßt.

»Armacord« (I, 1973), Federico Fellini:
In »Armacord« wurde die Rolle des Biscein, eines Möchtegern-Frauenhelden, mit einem Schauspieler besetzt, der von Liliana Betti folgendermaßen geschildert wird: »Der Schauspieler, der den Biscein spielt, ist aus Neapel und

91

heißt Ombra (= Schatten!). Sein Gesicht ist nicht zu beschreiben, denn es ist eine Mischung aus Elementen, die eigentliche keine Veranlassung haben, zusammen vorzukommen... Die Szene, die gerade gedreht wird, ist eine Aufschneiderei des Biscein: Biscein dringt in ein Zimmer des Grand Hotel ein, in dem ungefähr dreißig Konkubinen im Gefolge des Emirs wohnen, zieht eine Flöte heraus und beginnt zu spielen, während die verschleierten Konkubinen sich einem immer wilder werdenden Bauchtanz hingeben. Die Metapher ist die augenfällige Anspielung auf eine riesige Umarmung, eine umwerfende sexuelle Heldentat.«

Quelle und Verlauf

Federico Fellini war der erste, der für die Stigmatisierten in seinen Filmen eine eigene Welt geschaffen hat. Dort bot er ihnen eine Möglichkeit, sich gerade in ihrer Abweichung von der Norm darzustellen.

»Abweichende« nicht nur auszustellen, sondern zur Zielscheibe von Hohn und Spott zu machen, galt in früheren Zeiten als sozial akzeptabel und gehörte zum gesellschaftlichen Umgangston. Heute sind Kauze oder Originale als Randgruppe Bestandteil einer Gesellschaft.

»Wo Licht ist, ist auch Schatten«, sagt eine Volksweisheit – ein Prinzip, dessen Richtigkeit auch spiegelverkehrt gilt. Hinter einer Behinderung kann so manche Begabung liegen, wie auch Begabte gelegentlich mit einer Behinderung behaftet sein können. Die Erkenntnis, daß sich hinter jeder Behinderung eine Begabung verbergen kann (Hochintellektuelle können eine emotionale Unterentwicklung aufweisen) und daß eine Verunstaltung auch als Verschönerung wahrgenommen werden kann (z. B. Narbenschmuck), ist der Grundgedanke dieses WAY TO ACT.

Die Idee des Prothesenschmucks, mit dem etwas Beschädigtes durch Veredelung wieder heil, also ganz gemacht wird, ist aus dieser Einstellung entstanden.

Die Ästhetik des Häßlichen, z. B. Leonardo da Vincis »Gro-

teske Köpfe«, als Studien zu Entgleisung von Proportionen und Abweichungen vom idealen Ausdruck, hat hier ebenfalls ihren Platz. Der »Stigmatisierte« trägt zwar ein öffentlich sichtbares Mal, das ihn – in abwertender Hinsicht – zeichnet. Stigma bedeutet aber auch ein körperliches Zeichen göttlicher Offenbarung.
Einige Mechanismen, die »Eigen-Art« ins rechte Licht zu rükken:

Virtuos sein

In dem Film »Freaks« (USA, 1932) zündet sich ein Rumpfoid eine Zigarette an. Ohne den Gebrauch von Arm- oder Beinprothesen, nur mit Hilfe der Lippen und der Zunge und einigen geschickten Körperwindungen holt er ein Streichholz aus der Zündholzschachtel, zündet es an, legt es so, daß er mit der Zigarette im Mund die Flamme erreichen kann und raucht wie jeder andere. Die Fähigkeit, aus einfachen Handlungen einen »Artistic Act« zu machen, wird durch die abschließende Pointe »And perhaps we can do something with our eyebrows« unterstrichen.

Das Auseinanderklaffen von virtualer und aktualer sozialer Identität, also dem, was man jemandem zutraut und was dieser tatsächlich zu leisten im Stande ist, erhebt diesen einfachen Vorgang zu einer Art Kunststück. Erving Goffman schreibt, daß das gewöhnliche Interpretationsschema für alltägliche Ereignisse von »Normalen« beim Kontakt mit einem Beschädigten untergraben ist. Unbedeutende Fertigkeiten werden plötzlich als Zeichen von bemerkenswerten Fähigkeiten eingeschätzt. Der Film aber bietet genau die Möglichkeit, bewußt das Interpretationsschema des Kunststücks anzulegen.

Eine andere Variante der Virtuosität findet sich bei jenen Menschen, die sich in Ermangelung der Beine und unter Verzicht auf Prothesen auf den Händen fortbewegen. Diese selbst für den körperlich Intakten schwer nachvollziehbare Leistung wird nachgehend gesteigert, indem sich die »Kopfhänder«, wie man sie bezeichnen könnte (in »Freaks« oder auch in »Panzerkreuzer Potjemkin«, UdSSR, 1925), ein paar

Stufen hinauf- oder hinunterhanteln. Sie erinnern dabei an Steptänzer, die als besonderen Höhepunkt ihrer Darbietung den Step über eine Treppe einbauen. Eine Facette dazu findet sich in der Spieldokumentation »Kenny« (CAN/J, 1987). Der Bub, der keinen Unterleib hat, läuft flink auf seinen Händen über eine Wiese, und bei einer wilden Wettfahrt, bäuchlings auf einem Wägelchen, flitzt er seinen langgliedrigen Kameraden nur so davon.

Mit dem Herzeigen des Verkrüppelten, des Häßlichen, Bösen und Schmutzigen werden die Schatten einer Gesellschaft lebendig gemacht, wenn damit Verdrängtes angesprochen und hervorgeholt wird. Mit diesem Tabubruch, einen entstellten Körper zu präsentieren, wie es doch nur den gerade Gewachsenen zustünde, wird genau auf jenen Bereich Anspruch erhoben, der ihm von Voreingenommenen versagt wird. Durch dieses Verhalten wird möglicherweise einem Antrieb Rechnung getragen, den Alice Miller im Zusammenhang mit narzistisch Gestörten beschreibt. Geht man davon aus, daß die Abweichung vom Beschädigten selbst bereits als etwas Unerwünschtes externalisiert wurde, werden analog zu den entsetzten Augen der Mutter schließlich die entsetzten Augen der Gesellschaft provoziert. (In der Hoffnung, als Ganzes, auch mit der Versehrtheit angenommen zu werden, wird in der Zwangsneurose immer wieder die Situation heraufbeschworen, die die Abspaltung bestimmter Persönlichkeitsanteile hervorgerufen hat.)

Virtuosität auf einem anderen Gebiet präsentiert die Musikgruppe »Station 17«, wie das »Zeit-Magazin« dokumentiert hat. Diese Band existiert seit sechs Jahren, und ihre Mitglieder sind vorwiegend geistig behindert. Deshalb hat man, um allen Vorurteilen gleich den Boden zu entziehen, den »Makel zum Markenzeichen gekürt und nennt sich stolz Station 17«. Den Mitgliedern wird nicht beigebracht, in einer bestimmten Weise ihr Instrument zu benutzen, denn: »Wenn ich versuche, den Leuten etwas nach meinem musikalischen Verständnis zu zeigen, dann klingt es wie Behinderten-Musik. Das geht nicht«, erklärt der Heilerzieher. Vielmehr gilt hier das Motto: »Musik machen, wo Behindertsein zum Qualitätsmerkmal wird. Boysen und die übrigen Fehlerpfleger hören deshalb genau hin und wissen, daß einer nur von rechts nach links spielt oder nur mit einem Finger, und bauen auf dem auf, was dabei herauskommt. Und weil die behinderten Musiker ihr Instrument immer nur im Detail beherrschen, hat man diese Detailkompetenz in der Methode des genialen Dilettantismus perfektioniert.«

Die Schokoladenseite zeigen
Selten bezieht sich Schönheit oder Häßlichkeit auf den ganzen Menschen. Zumeist sind es partielle Elemente des Körpers, die man als Gewinn oder als Makel empfindet. Anstatt sie schuldbewußt wegzuretuschieren, kann man mit seinen Schwachstellen auch bewußt kokettieren. Auf ein Spiel mit »Vergleichsreizen«, wie z. B. mit dem perfekten Wäschemodell, läßt sich die Jazz-Gitti ein, wenn die Wiener Sängerin auf der Bühne ihre überbordende Weiblichkeit nur spärlich mit schwarzem Mieder und Netzstrümpfen im Zaum hält. Eine frech-frivole und vor allem irgendwie lustig-lustvolle Entblößung ist es, derer der Zuschauer ansichtig wird. Die Ambivalenz von Anziehung und Abstoßung findet sich in der Wortkombination »schön schiach«. »Schön« dient dabei als Bekräftigung – es ist etwas quasi so häßlich, daß es schon wieder schön ist.
Karl Dall, despektierlich als »Matschauge« bezeichnet, begegnet seiner Lidschwäche mit »Augenzwinkern«. So lautet der Titel seiner Biografie »Schau mir in das Auge, Kleines«, als offensichtliche Anspielung auf das herzenbrechende Idol Humphrey Bogart.

Aus der Reihe tanzen
Dieser Code bezieht sich auf den soziologischen Aspekt der Disqualifikation. Fühlt man sich »seiner Gruppe aus irgendwelchen Gründen nicht zugehörig, oder wird einem die Zugehörigkeit verweigert, besteht die Möglichkeit, sich bewußt von diesem Umfeld abzusetzen.
Lotti Hubers Erscheinung (sie ist die Hauptakteurin in Rosa

von Praunheims Filmen) wirkt deshalb exzentrisch, weil sie sich »rollendiskrepant« und nicht »rollenkonform« verhält, wie die Anpassung an die eigene Gruppe genannt wird. Selbst als betagte Dame verfügt sie nicht nur über ungestümes Temperament und eine große körperliche Beweglichkeit, sie zeigt das auch! In dem Film »Affengeil« (D, 1991) fegt sie nur so über die Bühne, erzählt überschäumend und lebhaft gestikulierend aus ihrem Leben und wirft mit einer saloppen Handbewegung ihre grau melierte Mähne über die Schulter. Die äußeren Zeichen, wie offene lange Haare, das kräftige Make-up oder bunt gemusterte Kleidungsstücke, legen Jugendlichkeit nahe und schaffen daher ein widersprüchliches Persönlichkeitsbild.

Veredeln

Fehlt ein Körperglied, oder ist dessen Funktionstüchtigkeit (durch Deformation) eingeschränkt, so wird versucht, den Verlust durch einen künstlichen Ersatz auszugleichen. Häufig ist der Betroffene dabei bedacht, uneingeschränkte Intaktheit vorzutäuschen. Im alltäglichen Gebrauch ist es die Brille (im Volksmund treffend als »Scheangelprothese« bezeichnet), die die Fehlsichtigkeit ausgleichen soll, und schließlich die Kontaktlinse, die Normalsichtigkeit vortäuscht. Wie aber gerade an den bunten Designerbrillen zu erkennen ist, kann die Vervollkommnung über die reine Funktionalität hinausgehen. Ein Behelfsteil wird aufgewertet, sobald er als Kunstwerk oder sogar als Luxusgegenstand betrachtet und dementsprechend verarbeitet wird. Damit wird nicht nur ein Verlustausgleich erzielt, sondern etwas Minderwertiges, nämlich der beschädigte Körperteil durch etwas Hochwertiges, das Schmuckstück, ersetzt. Diese Idee ist keineswegs neu – man erinnere sich nur an die Tradition des Kropfbandes im alpenländischen Raum.

Ich selbst habe mir für meinen nach einer Verletzung gekrümmten Zeigefinger einen schlangenförmigen Ring anfertigen lassen. Die Beugung des Fingers wird dadurch auf die Gewundenheit des Schmuckstücks zurückgeführt und nicht einer Verkrüppelung zuattribuiert.

Prothesenschmuck

Prothesenschmuck, wie ich ihn nenne, könnte als spezieller Zweig des Behelfdesigns durchaus auf Interesse stoßen. Ansätze dazu sind bereits vorhanden. So sind im Zuge einer immer bunter werdenden Alltagskultur auch Krücken aus rotem und blauem Aluminium und bunte Rollstühle mit modernem Design bereits im Handel. Die leider inzwischen verstorbene Schauspielerin Sabine Sinjen hatte sich nach dem Verlust eines Auges nicht zum Einsetzen eines Glaskörpers entschlossen, sondern trug eine elegante Augenbinde aus Tuch. Zu demselben Prinzip hat jener Amerikaner gegriffen, dessen schwarze Augenklappe, bestickt mit farbigen Steinen, mir bis heute in Erinnerung geblieben ist.
Anstatt wegen eines Gipsbeins auf die Mitwirkung bei einer Thierry-Mugler-Benefiz-Modenschau (Los Angeles, Juni 1992) zu verzichten, hat sich Brigitte Nielsen als Model dazu entschlossen, auf schwarzen glänzenden Krücken, passend zur Designergarderobe, über den Laufsteg zu gehen.
Höchst raffiniert gehen die Starmodels wie Cindy Crawford oder Anna Nicole Smith mit ihrem Makel, einem Muttermal, um. In der Wochenzeitung »Die Zeit« hat man sich darüber Gedanken gemacht und ist zu folgendem Schluß gekommen: »Ein Muttermal ist eine Repräsentation von der Abweichung, zwei Muttermale wären eine tatsächliche Abweichung und somit ein Hindernis für den Model-Beruf. Annas Muttermal schließt an die Mode-Tradition des aufgemalten Schönheitspunktes an. Der damit kulturgeschichtlich legitimierte Pseudomakel kann in der Folge als Grundlage des neuen Typus der Scheinindividualität funktionieren, dem Star-Models entsprechen müssen.«
Die künstliche Verschönerung sowie die Verunstaltung sind zwei Seiten derselben Medaille. »Die Ethnologen hatten anfangs aufgrund von Beobachtungen an sogenannten

Naturvölkern alle künstlichen Veränderungen der menschlichen Erscheinung, die die natürliche Körperform selbst betrafen, z. B. Kopfdeformationen, als ›Körperdeformationen‹ oder ›Körperverunstaltungen‹ bezeichnet.« Die Palette der plastisch chirurgischen Eingriffe gehört natürlich ebenfalls hierher. Die Philosophen der Antike verstanden unter ›Ästhetik‹ die Lehre von der sinnlichen Wahrnehmung (aistesis = sinnliche Erkenntnis). Winkler und Schweikhardt sind diesem Phänomen genauer nachgegangen: »Unter diesen grundlegenden ›anthropologischen‹ Gesichtspunkten betrachtet, sind die ›Körperverunstaltungen‹ der Primitiven mit den Schönheitsprozeduren der sogenannten Hochkulturen vergleichbar. Gemeinsame urtümliche Schönheitsprinzipien werden hier deutlich. Stets werden Effekte erzielt, die den Körper entsprechend den jeweiligen Schönheitsvorstellungen eindrucksvoller gestalten.«

Sich die Pointe auf den Leib schreiben

Die Merkmale, durch die der Körper in sich unproportioniert wirkt oder von der allgemeinen Norm abweicht, werden zum Gegenstand einer selbstironisierenden Komik. Indem der Körper für sein spezifisches Aussehen inadäquat eingesetzt wird, entsteht das für den Witz charakteristische Spannungsgefälle. (Sich auf diese Weise mit seinem Defekt auseinanderzusetzen hat u. U. zur Folge, daß es zu keiner vollständigen Körperintegration kommt, sondern eine observierende Distanz zum Körper-Selbst vorhanden bleibt.)

Als Protobeispiel kann Karl Valentin genannt werden, über den Georg Seeßlen in der Theaterzeitschrift »Die Bühne« 1992 schreibt: »Karl Valentin hat sich, nach eigenem Bekunden mit elf Jahren aus Gesundheitsgründen zur Abnormität entschlossen. Das Komische ist also die therapeutische Flucht in einen symbolischen Raum, in dem die Unvollkommenheit, ja die Last des eigenen Körpers zumindest in der allgemeinen Erheiterung Akzeptanz verschafft. Die hagere Gestalt, die eine Mischung aus Spott, Mitleid, Grauen, Tristesse und Grübelei hervorruft, hat Valentin

stets durch Haltung und Kostüm hervorgehoben, als wäre dieser Asthma-Körper, der seinen Besitzer von runden molligen Frauen träumen ließ, weil ›dürr bin ich selber‹, erst als Maske der Selbstbestrafung erträglich. Und wenn Alfred Kerr auf die Frage, woraus Valentins Komik bestehe, antwortet: ›aus Körperspaß‹, dann trifft er den Nagel nur, um ihn krumm zu hauen. »Dieser Körper ist so unfähig, in irgendeine Kleidung zu passen wie eine soziale Rolle auszufüllen. (...) Die Überführung des Körperlichen ins Sprachliche: Valentin in seinen ersten Auftritten als Skelett-Giggerl: ›Und trotzdem ist mein Vater stolz auf mich, der mag die fetten Kinder selber nicht und grad deshalb, weil ich so mager bin, drum mag er mich so gern. Er sagt, Vetter kann ich immer noch werden, wenn a mal mei Schwester heirat.‹«

Der Witz auf Kosten des eigenen Mankos gehört zu den Qualitäten, die schließlich den Charakterkomiker auszeichnen. Auch Barbara Streisand hat aus ihrem Silberblick komödiantisches Kapital geschlagen.

Wie eng verzahnt Abstoßung, Komik und Grauen bei der Verzerrung der Gesichtszüge sein können, zeigen folgende Beispiele: Als originellen Gag präsentiert der »Hias« aus dem Musikantenstadl sein deformiertes Gesicht, wenn er sich seines künstlichen Gebisses entledigt, die Unterlippe über die Nase stülpt und seinem Mund kautschukartig verschiedenste Formen verleiht. In »Armacord« drücken die jugendlichen Lausbuben ihre Nasen an der Auslagenscheibe zu einem Büro platt, um den drinnen sitzenden Mann zu ärgern. In »Der Schallplattenladen« drückt sich Karl Valentin ebenfalls an der Auslagenscheibe die Nase platt. Beide Male wird die Nasenspitze an der Glasscheibe so hochgedrückt, daß sich die Nasenlöcher zu großen dunklen Löchern weiten – es entsteht der Eindruck eines Totenkopfes.

Das sprichwörtliche »Sich-vor-Lachen-krümmen« und die gekrümmte Linie scheinen bei Valentin in einem ursächlichen Zusammenhang zu stehen. So wie seine Körperumrisse plötzlich aus der harmonischen Bahn ausbrechen oder er sein Gesicht zur Grimasse verformt, so verlassen auch

seine Sketche die Linearität, um einer schrägen Logik zu folgen. Jener Absurdität, die sich offenbart, sobald die Regeln eines allgemeinen Verhaltenskonsenses verlassen oder hinterfragt werden. (Beispielsweise in »Die Orchesterprobe«, D, 1933, oder »Das Oktoberfest« D, 1923.) »Zerkugeln« könnte man sich über Marty Feldmans kugelrunde Augen. (Ein Witz der letztendlich ebenfalls auf Kosten einer Unzulänglichkeit entsteht. Hervorquellende Augen gelten als Anzeichen der Basedow-Krankheit.) Seine Augäpfel bewegen sich nicht synchron, sondern schauen gleichzeitig in unterschiedliche Richtungen, wodurch der Eindruck entsteht, er würde mit den Augen rollen. Starre, aufgerissene Augen signalisieren Grauen und reizen als solche nicht zum Lachen. Allerdings ist ja bekanntlich Furcht »die Basis für alles Komische«. Verstärkt wird die runde Form noch durch eine kreisförmige Nickelbrille wie in »Die drei Fremdenlegionäre« (GB, 1977).

Mit enormem Leibesumfang muß das Volksmusikerduo »Die Herzbuben« zurechtkommen. Richtig herzig sehen sie aus, »Die Herzbuben«, wenn sie in ihrem Musikvideo mit weißen pludernden Kniebundhosen und kleinen runden Hütchen auf dem Kopf ihre Nummer »Ein guter Freund« singen.

In England hat sich die »Ugly Face Agency« etabliert, eine Agentur, die nur Models verpflichtet, die nicht der Schönheitsnorm entsprechen. »Niemand ist verbittert, nur weil er als häßlich gilt«, beschreibt die Chefin die Atmosphäre, »und so wurde aus der Not der Jugendjahre eine Tugend gemacht.« Die Abweichung wird Ausgangsmaterial, um einen bestimmten Prototyp, häufig für Werbespots, zu schaffen. Ein zerknittertes herbes Gesicht wird mittels weiß gelockter Perücke zum gestrengen Richter. Die harmlose freundliche Knollnase repräsentiert den vielzitierten kleinen Mann, der sich in einem Sketch der Londoner Verkehrsbetriebe als braver Straßenbahnfahrer erfolgreich gegen einen Halbstarken im Cadillac zu verteidigen weiß, und seine blanke Glatze lädt geradezu ein, darauf ein Spiegelei zu plazieren.

Man/frau kann also Fähigkeiten entwickeln, die durch ihre übergeordnete Bedeutung vom Stigma ablenken. Die Abweichung kann aber auch so in einen Kontext eingebunden werden, daß die Abstraktion von der Körperlichkeit wegführt.

Michel Petrucciani sitzt am Klavier und spielt. Schwarzer Anzug, die langen Haare im Nacken zusammengebunden, schwitzend, konzentriert. Ein richtiger Jazzer eben. Seine Hände greifen die Akkorde schnell und sicher, die Finger fließen geschmeidig über die Tasten. Er hat an diesem Abend das Publikum schon lange gewonnen und animiert seine Zuhörer, begleitend den Rhythmus mitzuschnippen. Die Bühnenpräsenz des Musikers und sein melodiöser Swing haben Publikum und Pianist zu einer Einheit zusammenschmelzen lassen. Die Atmosphäre eines gelungenen Abends, ist selbst über den Bildschirm noch spürbar. – Daß Michael Petrucciani zwergwüchsig und schwerbehindert ist, tut seiner Leistung keinen Abbruch.

Typische VertreterInnen

Hermes Phettberg, Lotti Huber, Die Herzbuben, Karl Valentin

Entspricht mein innerer Antrieb diesem WAY TO ACT?

Wenn Sie durch einen Unfall oder von Geburt an eine körperliche Abweichung mitbringen, zu groß, zu klein, zu disharmonisch empfunden werden oder sich in ihrer seelischen Empfindungs- und Wahrnehmungswelt von anderen unterscheiden, können Sie mit diesem WAY TO ACT ihre Qualitäten freisetzen.

Die Stärken dieses WAY TO ACT

Wer als FELLINI'S FACES agiert, behauptet sein physisch oder psychisches Anders-Sein statt sich zu rechtfertigen. Man verbraucht seine Energie nicht länger, um etwas Vorhandenes zu unterdrücken, indem man es zugunsten eines verallgemeinernden Erscheinungsbildes kaschiert. Man erschließt die Andersartigkeit als persönliche Eigenart und setzt sie bewußt ein und hebt sie hervor. Eigen-Art kann so als Kunstform verstanden werden. Keine Bewertung und vor allem auch nicht die eigene Abwertung vorzunehmen ist das Ziel. Dieser WAY TO ACT eröffnet den »Stigmatisierten« Möglichkeiten, die Grundbedürfnisse nach Liebe, nach Leistungsanerkennung und sozialer Integration zu erreichen, ohne den Preis einer letztlich erfolglosen Assimilation zahlen zu müssen. Diese »Erlösungsstrategien« besitzen in weniger drastischer Weise auch für gesellschaftlich Konforme Gültigkeit.

Das Training zur Umsetzung dieses WAY TO ACT

Überlegen Sie, was das Besondere an Ihnen ist. Was für Eigenschaften und Talente besitzen Sie, die andere nicht haben. Überprüfen Sie, ob der Unterschied zwischen Ihnen und dem Rest der Welt wirklich so groß ist. Stellen Sie sich vor, Sie würden sich wie ein weißer Rabe erhobenen Hauptes unter schwarzen Vögeln bewegen. Der Stolz in der Bewältigung des Andersseins, eine Bürde zu tragen und eine Aufgabe zu meistern, soll sich in ihrer Haltung widerspiegeln.

Wo spiele ich diesen WAY TO ACT erfolgreich aus?

Maria, 42, eine mir gut bekannte Kunstmanagerin, ist im Auftrag von internationalen Galerien und Museen ständig unterwegs. Als Tochter einer arabischen Mutter und eines europäischen Vaters unterscheidet sie sich rein äußerlich von ihrer Umgebung. Gerade mit dem exotischen Aussehen verschafft Sie sich aber Vorteile gegenüber ihrer Kollegenschaft. Bereits am Telefon nennt die renommierte Geschäftsfrau nicht nur ihren Namen, sondern gibt auch einen scherzhaften Hinweis auf ihr spezifisches Aussehen. Sie erreicht durch das Hervorheben ihres besonderen Merkmals einen sofortigen Wiedererkennungseffekt, ohne sich erst lang in Erinnerung rufen zu müssen. Wer einmal mit ihr zu tun hatte, erinnert sich. Ein Effekt, der sich in einer Branche, die von vielen unterschiedllichen Kontakten geprägt ist, als überaus praktisch erwiesen hat.

Wenn FELLINI'S FACES übertrieben wird

Wer sich als Faktotum gebärdet und sich selbst zum Narren macht, tut sich nichts Gutes. Hilflosigkeit (sowohl physische als auch psychische) als Mitleidsmasche zu benützen führt ebenfalls in eine Sackgasse.

Positives Erleben

Sich aufgrund des Andersseins interessant vorkommen, sich als etwas Besonderes empfinden, außergewöhnlich, einzigartig sein.

Negatives Erleben

Eine Leidensmiene aufsetzen, sich selbst ausgrenzen, den Unterschied gewaltsam unterdrücken.

Wer mit wem?

Mit LEAD HEAVY könnte es zu einem Verdrängungskampf kommen, da sich beide auf ihre Weise behaupten müssen.
Mit LIFE LIKE würde das Zusammenspiel gut funktionieren, weil beide den Individualismus des anderen grundsätzlich akzeptieren.

II

Regressive Strategien

Der Erwachsene hat gelernt, sein Verhalten den sozialen Regeln anzupassen. Dennoch sind viele seiner Verhaltensformen von frühkindlichen Antrieben gespeist. Auf welche Weise diese Impulse aktiviert und ausgelebt werden können, beschreiben die Regressiven Strategien.

Es kann sich dabei um das arglose Herangehen und die unmittelbar sinnliche Wahrnehmung der Welt wie in FUNNY FIGURE-ING handeln. Wie man mit heftigen Gefühlen (Affekten) umgeht, ohne sich ihnen und damit auch der Umgebung auszuliefern, beschreibt das COMICS PLAYING. Nutzbringend aggressive Impulse einzusetzen zeigt schließlich das ACTION PLAYING auf.

Die Reihenfolge der drei WAYS TO ACT entspricht im weitesten Sinn den ersten drei Entwicklungsstadien eines Kindes und den Stärken, die in diesen Phasen erworben werden.

Funny Figure-ing
oder die Kunst,
arglos zu sein

Thomas Gottschalk und Günther Jauch moderieren bei der Berliner Funkausstellung. Mit kindlicher Neugier möchten sie unbedingt wissen, was die Messebesucher so alles in ihren Plastiksäckchen herumtragen. Nachdem sich jeder ein Säckchen ausgeborgt hat, hocken sie sich bequem auf den Bühnenboden und leeren ihre Schätze vor sich aus. Unbefangen wird der Inhalt begutachtet. »Deiner hat ja nur Prospekte drin, gar nichts zum Spielen«, mault der eine enttäuscht. »Jöh, ein Fotoapparat«, freut sich Günter Jauch und knipst sogleich mit der Kamera des Besuchers ein Bild.

Was spricht aus FUNNY FIGURE-ING?

Wer sich lieb Kind macht, setzt Elemente des Kindchenschemas ein, um niedlich zu wirken. Dazu gehören die Kulleraugen ebenso wie der Schmollmund.

In die Welt hineintapsen bedeutet für das Kind Körpergefühl und Ausloten der Schwerkraft. Beim Erwachsenen ist darunter das Üben der Körperbeherrschung im sportlichen Training gemeint.

Beim Erwachsenen schlägt *die kindliche Stimme* oft unbewußt durch, wenn er/sie beispielsweise leise vor sich hin trällert, summt oder irgendwelche Laute von sich gibt, die sein Wohlbefinden oder Unwohlsein kundtun. *Tolpatschig zu sein* ist dem kindlichen Ausfindigmachen der eigenen Geschicklichkeit nachempfunden, wenn es den Umgang mit Objekten erprobt. Wer die Fähigkeit bewahrt hat, mit magi-

schem Denken der Weltsicht eine weitere Dimension hinzu-
zufügen, darf es als Prädikat sehen, ein *Kindskopf* zu sein.

Sketch aus dem Jahr 1954, Club 500, Atlantic City:
Jerry Lewis trifft spätabends als der neue Dienst-Boy bei
Dean Martin ein. Ein wenig verschüchtert hält er nach dem
Hausherrn Auschau. Zutraulich und naiv nimmt er mit
fistelnder Kinderstimme den Kontakt auf. Tolpatschig klet-
tert er in sein Stockbett und tritt dabei unweigerlich auf
Dean Martins Magen herum. Nachdem die beiden sicher-
heitshalber die Betten getauscht haben, zeigt Jerry seinem
neuen Arbeitgeber das Bild seiner Mutter, das er sogleich
an die Wand hängt. Mit einem kräftigen Hammerschlag trifft
Jerry die Wasserleitung. Er versucht, den Strahl gleichsam
ins Loch zurückzuschieben und hält es vorerst mit der Hand
zu. Kindlicher Logik gemäß, will Jerry das Loch mittels Kau-
gummi abdichten. Mit großen erstaunten Augen bemerkt er
den riesigen Ballon, der sich kurz darauf dort gebildet hat.
Nachdem auch dieses Problem gelöst ist, entdeckt er, daß
seine Bettfedern in melodiösen Tönen quietschen und
greift begeistert in die Klaviatur der Matratze.

Quelle und Verlauf

FUNNY FIGURE-ING beruht auf dem neugierigen »An-die-
Welt-Herangehen«, wie es Kindern zu eigen ist. Es ist das
vorbehaltlose Zugehen auf etwas oder auf jemanden, ohne
bestimmte Erwartungen damit zu verknüpfen. Mit diesem
WAY TO ACT läßt man das Kindheits-Ich wieder aufleben,
dem nach Rene Spitz Fähigkeiten wie Intuition, Kreativität,
spontane Antriebskraft und Freude zugeordnet werden. Die
zweckfreie und absichtslose Haltung entspricht auch der
archetypischen Gestalt des Clowns.
Im Alltag begegnen wir dieser Lebenseinstellung, die die
Regeln und Gesetze der Erwachsenenwelt ignoriert, im
Nonsense-Humor. Lewis Carroll, der Autor von »Alice im
Wunderland«, ist einer der bekanntesten Vertreter.

Spielzeugfiguren, Cartoons und Menschen, die man drollig und herzig empfindet, haben zumeist irgend etwas Kindliches an sich. Seien das die großen Augen und die Stupsnase als Merkmale des Kindchenschemas oder eine gewisse Tolpatschigkeit, die als sympathische Schwäche empfunden wird. Auch wesensmäßig kindhafte Züge, wie ein unbekümmertes Lachen oder unverhohlenes Staunen, wirken eher witzig und nett und werden zumeist wohlwollend aufgenommen. Es ist die Verniedlichung im äußeren Erscheinungsbild oder im Verhalten, das die »Funny Figures« auszeichnet. FUNNY FIGURE-ING als WAY TO ACT beschreibt den Gestaltungsprozeß, sich nach Herzenslust und ungeniert kindlich zu geben.

Ronald Reagan wird möglicher Weise auch als jener Präsident in die Geschichte eingehen, der mit heiterer Unbekümmertheit so manchen gesellschaftlichen Verpflichtungen nachgekommen ist. Über gelegentliche Fauxpas, die eher an kindliche Unbedarftheit als an einen desinformierten Politiker erinnert haben, mit freundlicher Unbefangenheit hinwegzugehen, zählte sicherlich zu seinen publicityfördernden Stärken. Ein Werbespot für Australien als Reiseziel persifliert dieses Charakteristikum. Menschen aller Hautfarben und Nationen, selbst ein Buschmann ist dabei, rufen ein enthusiastisches »Australia« in die Kamera. Lediglich Ronald Reagan rutscht versehentlich »Austria« heraus.

Eine archetypische Gestalt, die all diese kindhaften Züge in sich vereint und sich wohl auch deshalb ewigwährender Beliebtheit erfreut, ist die Figur des Clowns. Weil er das Kindhafte, sowohl mit seinen Pannen als auch mit den Freuden beispielhaft zeigt, versetzt er uns in eine Lebensphase zurück, die, obschon für uns nicht unmittelbar gegenwärtig, so doch in ihrer Intensität von prägender Bedeutung ist. In seiner Art und Weise, an etwas heranzugehen und sich auszudrücken, macht der Clown, so scheint es, dieselben Erfahrungen, wie sie auch Kinder erleben. Es ist dieselbe Unbeholfenheit, aber auch die Arglosigkeit, an Menschen und an die Welt als solche heranzugehen. Kinder teilen mit den Clowns die Ungelenkheit, die zum Mißlingen führt, und

Ronald Reagan anläßlich eines
Banketts mit Queen Elizabeth
(einem Dokumentarfoto nachempfunden)

die Zuversicht, mit der sie es doch stets aufs Neue probieren. Wenn der Clown mit nie versiegender Neugier die Dinge zu erfahren und zu erforschen sucht, sie zu sehen, zu riechen und zu schmecken, dann erkennen wir darin die kindliche Lust, die Welt ohne Vorbehalte zu ergründen, sich in aller Ernsthaftigkeit mit ihr auseinanderzusetzen und bereitwillig über die Geheimnisse, die sie birgt, zu staunen. Es ist die Offenheit, sich bedingungslos auf die Welt einzulassen, ohne Erwartungen, die es einzulösen gilt.
Folgende sind die Gestaltungsmechanismen, die dem Kindlichen den Weg bahnen:

Sich lieb Kind machen
Dieser Mechanismus beruht darauf, die Schlüsselreize des Kindchenschemas zu gestalten, um damit den Effekt der Niedlichkeit und Harmlosigkeit zu erzeugen.

Kulleraugen machen
Der Eindruck der großen, runden Babyaugen entsteht durch die überdimensionierten Augen in Relation zu den übrigen Gesichtsproportionen. Das Kind scheint voll Erstaunen und naiv in die Welt zu blicken, und dadurch appelliert es an den Beschützerinstinkt. Diese Wirkung wird erzielt, wenn die Augen aufgerissen und gleichzeitig die Augenbrauen gehoben werden. Der Zoologe Desmond Morris beschreibt diesen Ausdruck aus seiner Sicht folgendermaßen: »Das Anheben der Augenbrauen ist eine Gewohnheit, die wir mit anderen Primaten teilen, und sie scheint uns ursprünglich

dazu gedient zu haben, unsere Sehtüchtigkeit zu verbessern. Das Emporziehen der Stirnhaut und das Heben der Brauen bewirkt eine unmittelbare Erweiterung unseres Gesichtskreises. Es öffnet uns die Augen, wie wir zu sagen pflegen. Es ermöglicht den Augen, mehr zu sehen.« Außerdem ist das Aussenden von aggressiven Blicken mit hochgezogenen Augenbrauen nahezu unmöglich.

Harry Langdon, ein Star der Stummfilmzeit, ist ein geradezu prototypisches Beispiel für einen Schauspieler, der den gesamten Kanon an kleinkindhaftem Verhalten beherrscht. Donald W. McCaffrey beschreibt es treffend: »Die meisten Komiker sind dadurch gekennzeichnet, daß ihnen ein bestimmtes Element des Erwachsenseins abgeht. (...) Harry Langdon aber ist zur Gänze ein erwachsenes Baby. Er ist nicht nur naiv, sondern manchmal regelrecht dumm. Dieses zerbrechliche Geschöpf evoziert Lacher und Sympathie, wenn es sich physisch und geistig Überlegenen konfrontiert sieht. Wir kichern bei seiner angestrengten Neugierde, mit der er Dinge wie Maschinen, Gebäude oder Landschaften, aber auch Tiere, eine fette Frau oder den Bart eines würdigen Herrn untersucht. Er tut dies, die Augen weit aufgerissen, mit der Verwunderung eines Vierjährigen.«

Schmollen
Schmollen ist eindeutig ein kindliches Signal. Erwachsene schmollen nicht mehr, sie werden statt dessen wütend oder suchen die Konfrontation. Geschmollt wird nur, wo eine widerstrebende Anerkennung eines Gebotes oder Verbotes erfolgt. (»Schmollende Lippen« haben demnach im erotischen Konzept der »Kindfrau«, in dem dieser Code häufig zu finden ist, nichts zu suchen.)

Ein Schnoferl machen oder einen Fluntsch ziehen
entsteht durch eine ähnliche Lippenbewegung wie beim Schmollen, zusätzlich wird noch die Nase gerümpft. Verniedlichung entsteht durch das Kräuseln der Nase, das selbst einen riesigen »Pfrnak« zum Näschen werden läßt.

In die Welt hineintapsen

Damit sind jene ersten Schritte gemeint, mit denen sich das Kind fortbewegt, noch unsicher auf den Beinen, denn der aufrechte Gang muß erst erprobt werden. Es geht darum, das Gleichgewicht zu finden und den Körper in seinen verschiedenen Bewegungsabläufen für sich nutzbar zu machen.

Hockerln

Es ist dies eine Kinderhaltung, um an Dinge, die sich unten auf dem Boden befinden, nahe heranzugehen. Ebenso ist es eine Ersatzhaltung zum Sitzen, bei der der Körperschwerpunkt gesenkt und der Stützapparat entlastet wird. In »Der Vagabund« (USA, 1916) bückt sich Charlie Chaplin, um eine Blume zu pflücken. Er geht dabei breitbeinig und tief in die Knie, genauso wie Kinder diese Bewegung ausführen. Ein Bewegungsablauf, der sowohl den Schwerpunkt sichert, als auch die Wirbelsäule schont. Deshalb empfehlen selbst Orthopäden, sich an dieser kindhaften Bewegungsform zu orientieren.

Bei Tom Hulce wird das Hockerln durch den leicht vorgeneigten Oberkörper und die körpernahe Armhaltung zu einem »An-der-Wand-Kauern«, einer Variation zum Hockerln.

An der Wand kauern im Funny Figure-ing

Die kindliche Stimme

Damit sind sowohl Stimm- als auch Sprachausdruck gemeint. Es geht nicht nur um die spezifisch kindliche

Stimmfärbung, sondern ebenso um die Laut- und Klangbildung.

Wenn Jerry Lewis als »der Kleine« auf der Bühne steht, gehört die hohe fiepsende Kinderstimme zu seiner Rollencharakterisierung. Damit imitiert er die kindliche Stimmfärbung mit ihrer typisch hohen Grundfrequenz. Sie gibt aber auch Komponenten wie Selbstbezogenheit, die mit der »Schonstimme« in Verbindung gebracht werden, und Sichüberwältigt-Fühlen, das durch die »Kopfstimme« angezeigt wird, wieder. Jerry Lewis benützt die Kinderstimme, um sich damit akustisch klein zu machen.

Bei amerikanischen Frauen ist überdurchschnittlich häufig eine hohe Sprechstimme zu beobachten. Es liegt der Verdacht nahe, daß auf diese Weise ein Klein-Mädchen-Effekt, eine Verharmlosung, erreicht werden soll.

Brabbeln

ist die lautmalerische Wiederholung von Silben, die keinen Sinn ergeben. (Erst später erfolgt beim Kind eine Symbolisierung mit einzelnen Silben in bezug auf Dinge in der unmittelbaren Umgebung.) Der Volksmund spricht ja auch vom »Daherbrabbeln«, wenn jemand unverständliche Inhalte von sich gibt.

Die Familie von Zeichentrickfiguren, die ihre Körperform willkürlich verändern kann, »Barbapapas« zu taufen, kommt der kindlichen Sprachentwicklung entgegen. Denn: »Die darauf folgende Phase in der ontogenetischen Sprachentwicklung ist die Lall- und Brabbelperiode. Charakteristisch für diese Phase ist, daß das Kind nach und nach praktisch sämtliche artikulierbaren Laute, die vorstellbar sind – auch solche, die in der betreffenden Muttersprache nicht vorkommen – sozusagen in Formen eines Lautspiels äußert. (...) So wird von allen Vokalen zuerst ›a‹, erst später ›e‹ und ›i‹ und noch später ›u‹ und ›o‹ gelernt, und erst zu allerletzt werden nasale Vokale gelernt. Für die Konsonanten gilt Entsprechendes: Die am frühesten gebildeten Konsonanten sind die Labiallaute (m, p, b), ihnen folgen die Dentallaute (t, s, n), die Nachhut bilden die Palatallaute (k, ch, j)«, wie bei Scherer & Wallbot genauer nachzulesen ist.

Die zweifellos bekanntesten Lautmalereien sind das »Yabba dab-ba doo« der Familie Feuerstein und das »Didlididi – a boopi doo« von Marilyn Monroe aus dem Song »I wanna be loved by you« in »Manche mögen's heiß« (USA, 1959). Auch sie entsprechen in der Vokal- und Konsonantenabfolge der frühen Phase der kindlichen Sprachentwicklung. Vielleicht trägt dieser Umstand dazu bei, sich diese Silben leichter zu merken und sie besonders mühelos hervorzubringen.

Tolpatschig sein
bedeutet, sich Objekten zuzuwenden, sie in ihrer Funktion und Beschaffenheit auszuprobieren und den persönlichen Umgang damit (das unmittelbare Anfassen, z. B.) zu üben.

Abseits von der spielerischen Neugier und dem Vorwärtsdrängen gibt es die Tendenz, sich skeptisch auf die Welt und ihre Objekte zuzubewegen, vielleicht mit einem ähnlichen Hintergrund wie Georg Seeßlen über Charlie Chaplin schreibt: »Ein Naiver gerät in die perfekt ablaufende Maschinerie, einen festgelegten Funktionszusammenhang von Menschen, Dingen und Gedanken. Die Ungeschicklichkeit des Naiven bringt ihn immer wieder in mißliche Situationen; offensichtlich begreift er diesen Funktionszusammenhang nicht.«

Patschhändchen machen
Hier geht es speziell um die kindlichen Greifbewegungen mit bestimmten Handhaltungen. Das Kind ist »patschert«, solange es das Greifen erst lernt und ausprobiert. Ähnlich verhält sich auch der Erwachsene, wenn er ungeübt ist. Schauspieler erproben nicht umsonst den Umgang mit Requisiten. Patschert stellt sich Tom Hanks in »Big« (USA, 1988) an, wenn er den Tennisball aufheben will, der ihm immer wieder zwischen den ungelenken Fingern und den versehentlich schupsenden Füßen davonrollt und sich einfach nicht fangen lassen will.

Greifbewegung des Kleinkindes –
in Funny Figure-ing auch beim Erwachsenen

Ein Kindskopf sein

wird als Rüge gebraucht, wenn ein Kind Dinge tut, die dem Erwachsenen unpassend oder unverständlich scheinen. Damit ist die kindhafte Sichtweise gemeint, die sich in einer bestimmten Entwicklungsphase auf das magische Denken stützt. Bühler definiert das magische Denken aus entwicklungspsychologischer Sicht wie folgt: »Die Fragen, woher die Dinge kommen, woraus sie gemacht sind und was die Ursachen von Dingen sind, beschäftigen den kindlichen Geist schon von früh an. Wichtig ist zu wissen, daß das früheste Denken mit der Kausalität – der Verknüpfung von Ursache und Wirkung – noch nicht in der sozusagen wissenschaftlichen Weise operiert. Bevor das Kind den Ablauf von Vorgängen als in sich geschlossen ins Auge zu fassen vermag, sucht es nach persönlichen Mächten, die sie verursachen. Dem physikalisch-wissenschaftlichen Denken gehen daher die Stadien des symbolischen und des magischen Denkens voran. (...) Das magische Denken ist gegründet auf der Annahme geheimer Kräfte und geheimnisvoller Zusammenhänge.«

Diese Einstellung zur Welt hat Jerry Lewis visuell umgesetzt: »Ein anderer Lieblingsgag ist der, wenn der Kleine (The Kid) den Mond bei stockfinsterer Mitternacht fotografieren will. Er nimmt ein Blitzlicht, geht raus, knipst und in der ganzen Stadt wird es hell.«

Das magische Denken nur als vorübergehende Entwicklungsstufe abzutun, wird den übergeordneten energetischen und geistig-seelischen Zusammenhängen nicht gerecht. Die transzendale Psychologie erkennt diese Ein-

flüsse und Strömungen aus außenliegenden Einflußsphä-
ren als ebenso konkret, wenn auch als eine anders wahr-
nehmbare Wirklichkeit an.

Typische VertreterInnen

Jerry Lewis, Thomas Gottschalk, Stan Laurel,
Goldie Hawn

Entspricht mein innerer Antrieb diesem WAY TO ACT?

Sie haben die Voraussetzungen zum FUNNY FIGURE-ING,
wenn Sie über uneingeschränkte Phantasie verfügen und
sich neugierig und bereitwillig staunend allen Dingen
zuwenden, die Ihnen begegnen. Wenn es zu Ihren vorherr-
schenden Wesenszügen gehört, vorurteilsfrei und furcht-
los an alles Neue heranzugehen, dann werden Sie sich in
diesem WAY TO ACT wiederfinden.

Die Stärken dieses WAY TO ACT

In diesem WAY TO ACT kann man Kind sein, ohne kindisch
zu werden. Dabei gilt, die Welt nach eigenen Impulsen und
Vorstellungen zu erleben – und nicht durch fremde oder
eigene Erfahrungen gefiltert. Hier nimmt man sich die Freiheit auszuprobieren und dabei neue Erfahrungen zu
machen, ohne sich durch eine bestimmte Erwartungshaltung einzuschränken. Sich spielerischer in der Welt zu
bewegen, ist eines der Ziele dieses WAY TO ACT.
So wie Georg Seeßlen über Tati schreibt: »Für Tati besteht
die Auseinandersetzung mit der Zivilisation darin, daß er
ihre bösartigsten Errungenschaften zu Spielzeug verwandelt.«
Auf Impulse zurückzugreifen, die dem frühesten Selbst ent-

stammen, verschafft jene Freiheit und Sicherheit im Umgang mit der Welt, die sich ausschließlich an der eigenen Erlebnisfähigkeit orientiert. Nur die Rückbesinnung auf das eigene kindliche Bewußtsein kann den Blick schärfen und vermag noch zusätzlich das Herz zu wärmen.

Das Training zur Umsetzung dieses WAY TO ACT

Es mag Ihnen ein wenig absurd vorkommen, aber Sie werden·nicht glauben, was man in einer einfachen Gabel alles sehen kann. Machen Sie daraus einen Rechen, eine Schaufel oder ein Trampolin. Benützen Sie Ihre Kreativität, indem Sie die Welt mit anderen Augen sehen, und bringen Sie dabei etwas Neues hervor. Oder lernen Sie einfach wieder zu spielen.

Wo spiele ich diesen WAY TO ACT erfolgreich aus?

Wer spielerisch etwas Nützliches erfindet, hat seine Anlagen bestmöglich eingesetzt. So sollten Innovationsabteilungen vorwiegend nach Mitarbeitern Ausschau halten, die die oben beschriebenen Wesenszüge aufweisen. Der angesehene japanische Biologe und Professor für Maschinenbau, Prof. Dr. Shiego Hiro, konstruiert komplizierte Maschinen nach dem Vorbild von Tieren. Indem sich seine Roboter wie Spinnen oder Schlangen bewegen, meistern sie spielend leicht Hindernisse und können Treppen steigen, jedes Gelände bewältigen und sich selbst mit schweren Lasten um die eigene Achse drehen.

Wenn FUNNY FIGURE-ING übertrieben wird

Wer Realitätsflucht betreibt und dabei die Wirklichkeit ignoriert, schießt eindeutig über das Ziel hinaus. Stets alles ins Lächerliche zu ziehen und nichts mehr ernst zu nehmen, würde den Sinn dieses WAY TO ACT ebenfalls verfehlen. Auch eine Verniedlichung, die sich in der prinzipiellen Verwendung von Verkleinerungsformen wie »Händchen« statt »Hand« äußert und aus dem erwachsenen Kurt noch immer einen Kurti macht, wäre eine falsch verstandene Anwendung.

Positives Erleben

Neugierig, entdeckungslustig, arglos, unschuldig an etwas herangehen, verspielt, kindhaft.

Negatives Erleben

Alles verblödeln, unbedarft sein, dümmlich-naiv, infantil.

Wer mit wem?

Zusammen mit COMICS PLAYING kann sich ein kreatives Team ergeben, weil beide aus festgefahrenen Denkmustern ausbrechen.
Von einer engeren Zusammenarbeit mit MALE & FEMALE POWER ist abzuraten. Durch die Konfrontation von Unbekümmertheit mit Macht kommt es kaum zu Gemeinsamkeiten.

Comics Playing
oder die Kunst,
Gefühle zu überspielen

Eines der unzähligen Lokale in Los Angeles heißt »Jungle Jim«. Weder das Menü noch die Lage ist besonders spektakulär, die Höflichkeit des Personals ist jedoch ungewöhnlich.

In der Gastronomie ist die Frage an den Gast üblich, ob dieser mit den Speisen seiner Wahl zufrieden war. Ein desinteressierter Kellner kann diese Höflichkeitsfloskel rasch als Beleidigung erscheinen lassen.

Um dieser Peinlichkeit zu entgehen, übertreibt man bei »Jungle Jim« dieses Ritual schamlos. Wenn der Gast die Vorzüglichkeit seines Essen bestätigt, dankt es ihm der Kellner mit einem jauchzenden Luftsprung.

Was spricht aus COMICS PLAYING?

Wer *überdreht* ist, der reagiert sich ab, indem er sein Tempo noch um einiges erhöht. Er/Sie spricht noch schneller und noch lauter und flitzt nur mehr durch die Gegend. Beim *Gesichter schneiden* wird die Mimik pantomimisch verzerrt. *Sich aufspielen* heißt, Interaktionsrituale wie Begrüßungen oder gegenseitige Vorstellungen bewußt ein wenig zu übertreiben. Alte Bekannte, die sich nach langer Zeit wiedertreffen, können so, ohne viele Worte zu verlieren, ihre Beziehungsebene festlegen, beispielsweise indem sie als Zeichen des herzlichen Willkommens die Arme weit ausbreiten. *Mach mal diesen hier* steht für Gesten, die etwas Bestimmtes bezeichnen. Wer in einem Restaurant die Speisekarte verlangt, wird seinen Wunsch erfüllt bekommen, wenn er ein Rechteck in die Luft zeichnet. *Die Ruhe weg haben* kann sich als nützliche Gegenmaßnahme erweisen, wenn man am liebsten explodieren möchte. Stoisch bleiben ist hier die Devise und warten, bis sich die Aufregung über eine Katastrophe, wie dem Ausschütten von Rotwein über einen neuen weißen Anzug, gelegt hat.

»Die unglaubliche Entführung der verrückten Mrs. Stone«, (USA, 1986):
Bette Midler als Mrs. Stone sitzt geknebelt und gefesselt in der Küche ihrer Entführer. Das junge Paar, im Grunde ehrliche und biedere Menschen und im Entführen ungeübt, entschließt sich, ihrem Opfer nun endlich die Bedingungen für die Übergabe des Lösegeldes zu stellen. Zum Schutz ihres Inkognitos haben die beiden Donald-Duck-Masken übergestülpt. Als Mrs. Stone die Augenbinde abgenommen wird, reiß sie baßerstaunt Augen und Ohren auf über den unerwarteten Anblick, der sich ihr bietet. Mit den Worten: »Sieh mal an, wer mich entführt hat – Trick und Track!? – Wenn das mein Mann erfährt«, fegt ein Orkan der Entrüstung über das Gaunerpärchen hinweg, »der wird aber explodiiiiieren!!!«

Quelle und Verlauf

Der Titel dieses WAY TO ACT ist eine bewußte Anlehnung an das Medium des Comic Strip, der Zeichentrickfilme oder Cartoons. COMICS PLAYING ist auf die Gesetze der »Attrappenwirkung« zurückführbar, bei der der mimische Ausdruck vergrößert und vereinfacht dargestellt wird. Es sind vor allem Affekte, also übersteigerte Gefühlsreaktionen, die in ihrer Signalhaftigkeit festgehalten werden. Dieses Effekts bedient man sich bei Comic-Zeichnungen und in der Werbung, um rasch und eindeutig über einen Gefühlszustand, wie Überraschung, Begeisterung, Zustimmung, zu informieren. Man weiß sofort, was gemeint ist, wenn man

weit aufgerissene Augen oder herabgezogene Mundwinkel sieht. Nicht die lebensnahe Wiedergabe von Emotion ist hier angestrebt, sondern die pantomimische Übersteigerung. Bei den vereinfachenden Zeichnungen, die mit nur wenigen Strichen unmißverständlich eine Emotion wiedergeben können, spricht man deshalb auch von »Kurzschlußzeichen«, weil sie einfach und klar verständlich sind.

COMICS PLAYING eignet sich auch als Schlußpointe in einer Unterhaltung. Das »Kurzschlußzeichen« fordert zu keiner weiteren Replik auf.

Es gehört zum ewigen Klischee, daß Komiker abseits der Bühne ernste Menschen wären. Aber es scheint sich tatsächlich zu bewahrheiten, daß nur diejenigen, die aufgrund ihrer Lebensbedingungen gezwungen sind, eine Verhaltensstrategie zu entwickeln, die sie davor verschont, von persönlichen Krisen und Katastrophen übermannt zu werden, diese Lebenshaltung auch darstellerisch glaubhaft vermitteln können.

Jerry Lewis, selbst einer der größten Komiker, bestätigt diesen Eindruck. »Ein guter Komiker, glaube ich, stammt aus mageren Verhältnissen, wenn nicht aus der Minderheit. Mager in emotionaler oder finanzieller Hinsicht, oft beides. Keiner, der als Kind mit silbernen Löffeln gegessen hat, ist je in dieser Branche ganz nach oben gekommen. Einige haben das versucht, haben's aber nicht geschafft. Komödie, Humor, nennen Sie es wie Sie wollen, ist oft der Unterschied zwischen normal und verrückt, Überleben und Katastrophe, sogar Tod. Das ist das emotionale Sicherheitsventil des Menschen. Gäbe es den Humor nicht, könnten die Menschen emotional nicht überleben.«

COMICS PLAYING ist daher auch jene Verhaltens- bzw. Spielform, die kein emotionales Verschmelzen mit der Rolle erfordert. Truffaut hat Charlie Chaplins Spiel und dessen innere Unversehrtheit in unmittelbaren Zusammenhang gebracht: »Manchmal möchte ich sogar glauben, daß Chaplin, dessen Mutter im Wahnsinn gestorben ist, selbst dem Verrücktwerden nahe war und daß er ihm nur dank sei-

ner mimischen Begabung – die er übrigens von seiner Mutter hatte – entkommen konnte.«
Folgende Mechanismen eignen sich zum Überspielen in unterschiedlichen Situationen:

Überdreht sein

Dieser Mechanismus dient zum Abreagieren des Energieüberschusses durch Tempoerhöhung. In diesem Zustand sind zwar keine Dauerleistungen möglich, es besteht die Gefahr, daß die Energie verpufft, dafür ist man für einen kurzen Zeitraum maximal in Schwung. Im Englischen gibt es den Begriff des »High Jinks«, was soviel wie »übermütige Laune« oder »ausgelassene Lustigkeit« heißt und den überschäumenden Zustand recht gut beschreibt. Ein Bekannter, dessen Dauerzustand dieses fröhliche Überdreht-Sein ist, trägt auch tatsächlich den Spitznamen »Jinks».

Haxeln

beschreibt ein schnelles Gehen, bei dem zwar der Eindruck des raschen Vorwärtskommens entsteht, die Schritte werden aber viel zu schnell und zu eng gesetzt, um sich effizient weiterzubewegen. In »The Flintstones« (USA, 1994) haxeln Betty und Wilma mitternächtlich über das verlassene Betriebsgelände des Steinbruchs. Sie haben es eilig, um Beweismaterial für die Unschuld ihrer Ehemänner in Sicherheit zu bringen. Das Haxeln drückt die Aufgeregtheit der beiden Hausfrauen aus, die sich in eine abenteuerliche Situation begeben haben.
Den Effekt des Haxelns erzeugt der englische Komiker Benny Hill filmtechnisch durch schnellen Vorlauf. Dabei geht es ihm eher um das Nachlaufen hinter einem jungen hübschen Mädchen, als darum, es auch einholen zu wollen.

Herumschusseln

bezieht sich auf den Umgang mit Objekten. Am liebsten möchte man alles gleichzeitig in die Hand nehmen. Wer nicht jonglieren kann, dem wird bald bewußt, daß er nur zwei Hände hat, um etwas festzuhalten, alles andere ent-

gleitet. In »L.A. Stories« (USA, 1991) präsentiert Steve Martin als völlig überdrehter Moderator den Wetterbericht. Er stürzt auf die Sekunde ins Studio, und schnell das passende Kostüm zur Sendung, einen Tropenhelm, aufgesetzt! Voll auf Touren, plaziert er die Magnetsymbole für Sonne, Wolken und Regen auf der Wetterkarte. Bald hier, bald da. Schließlich ist das Wetter veränderlich. Die Symbole fallen ihm aus der Hand, er hebt sie auf, plaziert sie neu. ...

Es reißt einen herum
beschreibt einen Zustand, in dem man gar nicht weiß, wie man zuerst reagieren soll. Wut, Freude, Empörung und vor allem Verblüffung liegen unmittelbar nebeneinander. Das Ergebnis ist eine Mischung aus einem Veitstanz à la »Rumpelstilzchen« und einem sich förmlich zerreißenden »Figaro«, der überall gleichzeitig sein möchte. Man verhält sich, als ob man, wie der Volksmund sagen würde, gleich »einen Herzinfarkt bekäme« – wahrscheinlich schützt diese Reaktion aber gerade davor.

Einen Luftsprung machen
Diesen Bewegungscode führt man aus, um seine Begeisterung überschwenglich auszudrücken. Es handelt sich dabei nicht um das leichtfüßige »Hopsen« wie im FUNNY FIGURE-ING, sondern man schießt förmlich in die Luft. Wie Danny de Vito, wenn er beim Luftsprung auch noch die Hacken zusammenknallt.

Hervorsprudeln
Man hat so viel zu sagen, daß man gar nicht weiß, wo man anfangen soll, und versucht, alles auf einmal loszuwerden. Für den Zuhörer ergibt sich ein inhaltlich unverständliches Kauderwelsch, das es erst einmal zu ordnen gilt.
Nur wenn Danny Kaye im Gedächtnis behalten kann, in welchem Becher der vergiftete Wein ist, überlebt er in »Der Hofnarr« (USA, 1955) die Intrige. Mittels eines Reimes soll er sich den gekennzeichneten Becher merken. Doch leider zer-

bricht der Becher, und der Reim muß geändert werden.  Leben und Tod hängen davon ab, den richtigen Becher zu wählen. Er wiederholt den Reim unablässig und gerät vor lauter Aufregung ganz durcheinander. »Es ist der Becher mit dem Fächer, er enthält den Wein gut und fein. Und nicht der Kelch mit dem Elch – oder doch?!?« In Panik bringt er alle möglichen Variationen hervor, unfähig noch eine klare Unterscheidung treffen zu können.

Herumfuchteln

beschreibt wildes Gestikulieren. Es gehört zu Louis de Funès' gestischem Repertoire, wenn er, »Papperlapapp«, seinem Gesprächspartner das Wort abschneidet. Alle Einwände des Gegenübers werden wie lästige Fliegen verscheucht.

Gesichter schneiden

COMICS PLAYING wird am ehesten mit diesem Ausdruck in Verbindung gebracht. Durch mimische Übertreibung werden Affektäußerungen als Attrappe vereinfacht dargestellt. Zum Beispiel kann man bitterböse dreinschauen: Bereits die Tautologie dieser Redewendung nimmt die Übertreibung vorweg.

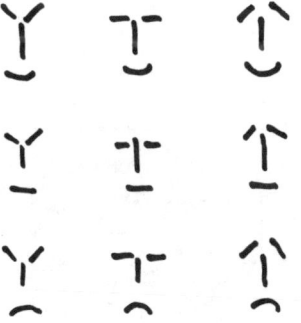

Attrappenschema

Attrappenschema im Comic eingesetzt

Große »Oh's« und »Ah's« ausstoßen

Gespannt lauschen

Sachpantomime

Dieses Bewegungsmuster bezeichnet das Darstellen eines Gegenstandes durch Gebärdensprache. Die Sachpantomime, bei der Gegenstände nonverbal dargestellt und von den Zuschauern erraten werden müssen, ist als beliebtes Kinderspiel bekannt. Auch die Werbung bedient sich beschreibender Gesten, die das Produkt individuell bezeichnen. Ein klassisches Beispiel ist die Geste für »Mannerschnitten«, bei der die Zeigefinger das Rechteck der Packung in die Luft zeichnen.

Aktionsanalogie

Dieser Code beschreibt die nonverbale Darstellung eines Ereignisses. Im Hotel »Fawlty Towers« ist der spanisch sprechende Manuel als Kellner beschäftigt. Er versucht seinen Chef darauf aufmerksam zu machen, daß in der Suppe des Gastes eine Fliege schwimmt. Da er diskret sein möchte und außerdem kein Englisch spricht, bedient er sich der Gebärdensprache. Er deutet auf den Teller und flattert mit den Armen. Was die peinliche Situation beseitigen soll, hebt sie dadurch erst recht hervor.

Im Alltag findet sich gelegentlich die Geste des »Schweiß-von-der-Stirne-Wischens«, ein Index für spielerische Anstrengung. Kürzlich konnte ich diese Geste z. B. bei zwei Freunden beobachten, die miteinander in einer Wohngemeinschaft leben. Sie teilen mit dieser Handbewegung, die in etwa »Puh, ganz schön anstrengend« heißt, mit, daß sie zwar nicht in ungetrübter Harmonie miteinander leben, aber sich doch ganz gut zusammengerauft haben.

Der Gucklochblick

Anscheinend besteht ein unwiderstehliches Verlangen, durch alles runde und röhrenartige, durch Öffnungen und Fugen durchzuschauen. Indem das Gegenüber quasi durch einen Rahmen hindurch beobachtet wird, bekommt diese stilisierte Art, jemanden anzuschauen, prüfenden Charakter.

Der Gucklochblick

Verhalten in Slapstick-Manier

Dieser Code beschreibt ein Mißgeschick, das eine Ketten-
reaktion auslöst, die sich so lang wie möglich fortsetzt und
damit die schlimmsten Erwartungen der Phantasie erfüllt.
Eine Ungeschicklichkeit wird durch die geniale Verkettung
von Umständen überspielt, was im Alltagsleben tatsächlich
zuweilen zu beobachten ist. »Slapstick« als Verhaltenscode
bezeichnet Mißgeschicke, die keine ernsten oder unange-
nehmen Folgen, sondern eher eine gewisse Genialität des
Zufalls in sich bergen.

Noch eine kurze Anmerkung zur Geschichte des Begriffs:
Slapstick war die Bezeichnung des Stocks, den die Clowns
benutzten. Sie konnten bei den spaßhaften Prügelein damit
möglichst viel Lärm machen, ohne daß jemand dadurch
ernsthaft gefährdet wurde. Erst in weiterer Folge wurde
»Slapstick« mit »Tortenwerfen« in Verbindung gebracht.

Ein Beispiel aus »Die nackte Kanone« (USA,1988):
Detektiv Norberg (O.J. Simpson) will am Hafen eine Gang
von Heroindealern dingfest machen. Mit gezogenen Revol-
vern tritt er, etwas umständlich und tolpatschig, die Tür des
Schuppens ein, in der die gesamte Mannschaft ihn bereits
mit gezückter Waffe und mitleidiger Miene erwartet. Als der
Gangsterboß auf der Bildfläche erscheint und den Auftrag:
»Tötet diesen Mann« erteilt, ballern alle zugleich auf Nor-
berg los. Ehe er im Kugelhagel zusammenbricht, verbrennt
er sich im Todestaumel noch die Hand auf der heißen Herd-
platte, klemmt sich die Finger im Fensterrahmen ein,
schlägt sich an einer Tischkante einen blauen Fleck, fällt

mit dem Gesicht mitten in eine Cremetorte und bekleckert seine Jacke mit Farbe an einer frischgestrichenen Tür, ehe er zu guter Letzt noch in ein Fangeisen stolpert und schluß- endlich vom Steg ins Wasser fällt.

Slowburn
Im Gegensatz zu Slapstick steht die *Slowburn*-Variante. Ein Zeitlupeneffekt, bei dem man sich langsam in einen Zustand höchster Rage hineinsteigert. Der Zusammenhang zwischen Über- und Unterspielen findet sich in den frühen Zeiten des Stummfilms auf dramaturgischer Ebene. So schreibt Georg Seeßlen über den Slowburn-Effekt: »Diesen Inszenierungsstil der Retardierung entwickelte Hal Roach, der Produzent der Laurel-und-Hardy-Filme, als Alternative zu Mack Sennetts Stil des an kinematografischen Irrwitz gren- zenden Tempos.«

Die Ruhe weg haben
bezeichnet das Gegenstück zur Übertreibung, die Untertrei- bung. Das Unterspielen erzeugt ebenso wie das Überspie- len eine Spannung, die in der Diskrepanz zwischen Ausmaß des Verhaltens und Anlaß liegt. Über- und Untertreibung sind jeweils die beiden Seiten derselben Medaille. Über die Wirksamkeit dieser Kniffe war man sich in der Redekunst schon früh bewußt. Übertreibung und Untertreibung waren Mittel der traditionellen griechischen Rhetorik. Es ist wohl kein Zufall, daß sich unter den Engländern, die traditionell als die Meister des Understatement gelten, besonders vie- le Komiker finden, die diesen Verhaltensmechanismus als Stilelement einsetzen.

Cool bleiben
Ein anschauliches Beispiel für das Herunterspielen findet sich in »Maverick« (USA, 1994):
Mel Gibson hängt als »Maverick« über einer Felskante. Nachdem er seinen Begleitern gerade noch vehement ver- boten hat, ihm jemals wieder behilflich zu sein, kommt er jetzt doch nicht darum herum, um Hilfe zu bitten. Um einen

gefaßten Eindruck zu machen und den Ernst der Lage her-
unterzuspielen, schreit er nicht um Hilfe, sondern spricht in
Konversationstonfall schlicht das Wort »Help!« aus.
Ein anderes Beispiel von absolut stoischer Gelassenheit
bietet Jaques Tati in »Mon Oncle« (F, 1958):
In der modernen Küche seines Bruders, in der alles vollau-
tomatisch und unzerbrechlich scheint, muß sich Tati diese
Vorzüge genauer ansehen. Nachdem sich alle möglichen
Gegenstände als unzerbrechlich erwiesen haben, läßt er
probeweise noch die Teekanne fallen. Diese springt jedoch
nicht elastisch vom Boden weg, sondern reagiert nach alt-
modischen physikalischen Gesetzen und zerbricht. Mit
interessierter Gelassenheit betrachtet Tati den Scherben-
haufen. Das Mißgeschick wird als sachliches Ereignis zur
Kenntnis genommen.

Typische VertreterInnen

Louis de Funès, Yannik Noah, Jean Paul Gaultier,
Whoopi Goldberg

Entspricht mein innerer Antrieb diesem WAY TO ACT?

Sie haben einen Hang zum COMICS PLAYING, wenn Sie es
lieben, Ihre Ausführungen mit theatralisch großen Gesten
zu begleiten und dabei in höchsten Tönen zu schwärmen
oder Niederlagen in den schwärzesten Farben zu schildern.
Für Sie sollte alles ein bißchen lauter und schriller und grel-
ler sein, und das Zählen beginnt für Sie ohnehin erst bei
einer Million.

Die Stärken dieses WAY TO ACT

Es geht um den Spaß am Übertreiben. Das bewußte Überziehen einer Reaktion schafft eine Distanz zum Geschehen, die es ermöglicht, die Dinge aus einer gewissen Entfernung ironisch zu betrachten. Humor als Schutz, könnte man sagen. Im COMICS PLAYING schafft man durch die übergroße Geste Abstand zu den eigenen heftigen Gefühlen. Es ist ein emotionales Sicherheitsventil, durch das man der Gefahr entgeht, von Gefühlen überschwemmt zu werden und die Kontrolle über sich zu verlieren.

Das Training zur Umsetzung dieses WAY TO ACT

Nehmen Sie sich den Slogan der Filmbranche zu Herzen: »Make it big, make it right, give it class!«
Erzählen sie jemandem eine Story, die Sie erlebt haben, und wagen Sie sich bei Ihren Ausführungen in die Überdimensionalität. Begleiten Sie Ihre Geschichten mit bildhafter Pantomime, wenn Sie vom haushohen Wellengang Ihres letzten Segelturns oder von kilometertiefen Schluchten während einer Klettertour berichten. Sprechen Sie dabei mit ausladenden Bewegungen, so, als ob Sie es jemandem hinter einer Glaswand erzählen wollen.

Wo spiele ich diesen WAY TO ACT erfolgreich aus?

Überall, wo die Wirklichkeit ein bißchen größer, lauter und heller dargestellt werden soll, als sie es tatsächlich ist, ist dieser Typus zu Hause – als Warenvorführer in einem Kaufhaus ebenso wie bei der Präsentation eines neuen Werbekonzeptes.
Jaqueline, 42, Dr. phil., Art Director einer PR-Agentur, konnte auf diese Weise die neue Werbelinie ihren Kunden pla-

stisch vorführen und schmackhaft machen. Mit diesem WAY TO ACT ist es ihr gelungen, ihre theoretischen Ausführungen effektvoll zu illustrieren. Die Kunden konnten sich die eingesetzten Mittel bildhaft, anschaulich vor Augen führen: die Farben, Formen und Dimensionen. Dazu gehören Größenabmessungen wie: »Stellen Sie sich ein zehn mal fünfzig Meter langes Billboard vor.« Und Farbempfindungen, wie »ein tiefes Mitternachtsblau und ein leuchtend gelber Schriftzug«, schaffen eine nachvollziehbare Farbenwelt.

Wenn COMICS PLAYING übertrieben wird

Die Extravertiertheit kann in Exaltiertheit ausufern. Es wird dann unangemessen laut und heftig reagiert. Wer ständig aus einer Mücke einen Elefanten macht, schießt ebenso über das Ziel hinaus wie derjenige, der sich stets zum Kasperl macht. COMICS PLAYING methodisch einzusetzen, um Gefühle verpuffen zu lassen, wäre ebenfalls eine falsche Anwendung.

Positives Erleben

Überdreht, überschwenglich, aufgewühlt, innerlich hochgefahren.

Negatives Erleben

Hysterisch, überreizt, aufbrausend, aufgesetzte Gefühle präsentieren, affektiert sein.

Wer mit wem?

COMICS PLAYING verträgt sich gut mit FUNNY FIGURE-ING, unkonventionelle, kreative Teamarbeit ist dabei garantiert.

Das Verstehen der leisen Signale des MICROACTING könnte dem COMICS PLAYING Typ hingegen ziemlich schwer fallen. Vorschläge aus dieser Richtung würden ungehört verhallen. Die überschäumende Art des COMICS PLAYING-Typus würde über den MICROACTING-Typ schlichtweg hinwegschwappen und ihn jedes Aktionsradius berauben.

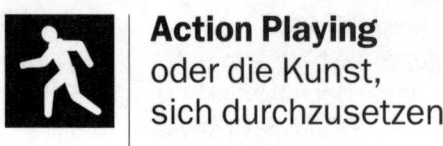

Action Playing
oder die Kunst,
sich durchzusetzen

Der ehemalige Bürgermeister Wiens, Helmut Zilk, ist aus besonderem Holz geschnitzt. Er ist, was man »einen Macher« nennt, einer, der spontan und ungebremst die Initiative ergreift. Bereits als Programmdirektor des ORF hat er mit der Sendung »In eigener Sache« heiße Themen aufgegriffen und ist vor heftigen, aber stets sachlichen Diskussionen nicht zurückgeschreckt. Bei »Action«-Politikern spielen Schnelligkeit und Verve stets eine entscheidende Rolle. Helmut Zilks Stärke liegt immer noch in seinen deftigen Formulierungen. Griffige Worte werden nur so herausgeschleudert. Er ist aber auch bekannt dafür, rasch und ohne zu zögern einzugreifen. Bis heute kann er die Leute mitreißen und für eine Sache begeistern, indem er sie seine Aktivität spüren läßt, ihnen zeigt, daß er auf Draht ist.

Was spricht aus ACTION PLAYING?

Erhöhte Aktivierung und Muskelspannung läßt einen *auf Draht* sein, man/frau verfügt in diesem Zustand über Spannkraft und physische Flexibilität. *Jemanden in die Schranken weisen* bedeutet, seine Grenzen abzustecken. »Bis hierher und nicht weiter« wird entweder ausgesprochen oder durch physische Distanz deutlich gemacht. Wer *auf etwas oder jemanden Jagd macht,* verfolgt seine Sache mit aktiver Aufmerksamkeit. *Hürden nehmen* bedeutet, Schwierigkeiten zu meistern. Wer dazu in der Lage ist, beweist geistige und körperliche Wendigkeit. *Die Gelegenheit beim Schopf packen,* heißt offensiv zu handeln, eine Chance zu erkennen und sofort zuzugreifen.

»Brennpunkt Brooklyn« (USA, 1971):
Jimmy Doyle (Gene Hackman) soll als Beamter des Rauschgiftdezernats eine New Yorker Bar säubern. Unvermittelt wird die Tür des Lokals aufgerissen, und Doyle stürmt herein. Er herrscht die Gäste an, »die Flossen hoch« zu nehmen und zur Seite zu gehen. Mit einer gehörigen Portion Wut im Bauch klopft er den Tresen nach allen Arten von Stoff und Pillen ab. Mit dem gefundenen Zeug wird kurzer Prozeß gemacht. Er schüttet den ganzen Mist in den Shaker, »Feinen Cocktail habt ihr hier!«, und knallt die Mischung aus Tabletten, Bier und Zigarettenstummeln auf die Theke. Wer versucht, Einspruch zu erheben, wird deutlich in die Schranken gewiesen. Doyle kommandiert die laschen Junkies herum, daß ihnen Hören und Sehen vergeht. Und er wird so lange wiederkommen und denen zeigen, wo's lang geht, bis die Bar sauber ist.

Quelle und Verlauf

Diesem WAY TO ACT liegen die aggressiven Impulse des menschlichen Verhaltens zugrunde. Gemäß dem ursprünglichen Wortsinn des lateinischen »aggredior« (»ich gehe heran« oder auch etwas »angreifen«, »unternehmen«, »beginnen«) ist damit keineswegs nur zerstörerische Aggression gemeint. Es geht vielmehr um Aktivität und Selbstbehauptung, um die Einsatzbereitschaft von Körper und Geist. In diesem WAY TO ACT wird jene Triebkraft ausgelebt, durch die wir eine »Gelegenheit ergreifen«, in eine »Situation eingreifen« und uns trauen, forsch an etwas heranzugehen.

ACTION PLAYING heißt nicht nur auf jemanden einschlagen, sondern auch bei einer Chance zuschlagen. Es geht um das Überwinden von Hindernissen, sowohl auf der physischen

als auch auf der psychischen Ebene. Alle, die die Herausforderung im Ausüben von Extremsportarten suchen, werden sich in dieser Kategorie wiederfinden. Auch asiatische Kampfsportarten, die das Zusammenwirken von geistiger mit körperlicher Reaktionsschnelligkeit, Durchschlagskraft und Geschmeidigkeit zum Ziel haben, sind eine Übertragung dieses WAY TO ACT in den sportlichen Bereich. Im Alltag äußert sich dieser WAY TO ACT z. B., wenn jemand mit der Faust auf den Tisch haut, um sich durchzusetzen oder sein Territorium abzugrenzen.

Es handelt sich hier wahrscheinlich um den WAY TO ACT mit dem höchsten Aktivierungsniveau.

In »Action« zu sein drückt sich durch folgende Bewegungsmuster aus:

Auf Draht sein

Alle Energien werden mobilisiert, man ist psychisch und physisch aktiviert. Wenn man »aufgeweckt« ist, steigt die Reaktionsschnelligkeit, und Sinneseindrücke können rasch verarbeitet werden. Der Blutzuckerspiegel steigt an, weil Kohlehydrate vermehrt in Monosaccharide gespalten und in die Blutbahn abgegeben werden. Physiologisch wirkt sich dieser Zustand in hohem Antrieb und hoher Aktivierung aus sowie in einer gewissen Rastlosigkeit und erhöhter Reaktionsfähigkeit.

Etwas im Handumdrehen erledigen

Dieser Code gilt sowohl im wörtlichen als auch im übertragenen Sinn, wenn eine Entscheidung rasch, ohne zu zaudern gefällt wird. Bruce Lee zögert nicht lange, ein Hindernis vom Tisch zu fegen. Diese Verhaltenscharakteristik wird im Vorspann zu den Bruce-Lee-Filmen bildhaft dargestellt. Durch die herumwirbelnden Arme entsteht der Eindruck, als verfüge der Karatekämpfer über unzählige Hände.

Auf dem Sprung sein

Diese Haltung erinnert an einen startbereiten Sprinter.

Alles ist darauf ausgerichtet, im nächsten Moment die Posi-

tion zu verändern. Die Sinne sind hellwach. Der ganze Körper ist angespannt, der Schwerpunkt leicht nach vorne verlagert.

Den Pistolenfinger vorstrecken

ist ein non-verbaler Code um jemanden »anzuschießen«. Aufgrund seiner Häufigkeit scheint er beinahe ein unverzichtbarer Bestandteil des ACTION PLAYING zu sein.

Verwendet hat diese Geste Michael Douglas als Börsenhai Gordon Gekko in »Wall Street« (USA, 1987). Er braucht interne Informationen über eine Gesellschaft und stellt dem jungen Ehrgeizling (Charlie Sheen) ein Ultimatum: »I want you to get me this information.« Der auf ihn gerichtete Zeigefinger unterstreicht, daß es kein Ausweichen gibt.

In »Rumble Fish« (USA, 1983) ist diese Geste mehrfach bei Matt Dillon zu beobachten, der sich gegen die Angriffe seines Kumpels zur Wehr setzt; ebenso wird sie von Gene Hackman in »Brennpunkt Brooklyn« eingesetzt, um sich aus der Gruppe von Junkies zwei Typen herauszuholen. In jedem Fall ist es eine Geste, die die Grenzen durch Hervorhebung des Unterschiedes »Hier bin ich, und dort bist du« betont. Sie steht damit im unmittelbaren Gegensatz zur umarmenden Geste der Verschmelzung, die dem WAY TO ACT von BEAUTY & BEAU zuzuordnen ist.

Den Pistolenfinger vorstrecken

Jemanden anbellen

ist die verbale Form, jemanden anzuschießen. Verbale
Angriffslust kann unterstrichen werden, indem man sich
vorneigt. Diese Haltung erinnert dann an den gesenkten
Kopf eines Stiers, der seine Hörner senkt, bevor er zum
Angriff startet. In dem britischen TV-Drei-Teiler »Die Fänge
der Macht« befindet sich der englische Premierminister in
einer Unterredung mit dem amerikanischen Minister über
die militärischen Stützpunkte. Mit dieser Haltung demon-
striert er die Unverrückbarkeit seines Standpunktes – eher
würde er sein Gegenüber wohl aufspießen, als nachzuge-
ben.

Mit der Faust auf den Tisch schlagen

wird üblicherweise dazu verwendet, einer verbalen Äußerung Nachdruck zu verleihen, Ungeduld auszudrücken und
das Gegenüber durch die physische Heftigkeit einzuschüchtern. Eine Geste, die in mehreren Varianten auftreten
kann.
In »Black Rain« (USA, 1989) steht Michael Douglas als amerikanischer Cop seinem Vorgesetzten gegenüber. Er hat
endgültig mitgeteilt, was er über den Fall und die Zusammenarbeit mit den japanischen Kollegen denkt. Am liebsten
möchte er alles hinschmeißen. Bevor er sich umdreht und
geht, wirft er seinem Gegenüber den Kugelschreiber, den er
in der Hand hält, mit einer achtlosen Bewegung zurück auf
den Schreibtisch.
Eine Variante, mit der Faust auf den Tisch zu schlagen, um
136 sich durchzusetzen, ist die legendär gewordene Geste des

russischen Politikers Nikita Chruschtschow, der mit seinem Schuh auf einen Tisch pochte, um das Auditorium zu Aufmerksamkeit zu bewegen.

Mit gespitzten Ellbogen
zeigt Angriffsbereitschaft in entspannter Körperhaltung.

Hürden nehmen
Dieser Mechanismus beschreibt die physische und psychische Wendigkeit, sich anpassen zu können an eine Situation, die unbekannte Anforderungen stellt. Es gilt, alle Faktoren zu berücksichtigen und sämtliche Fähigkeiten einzusetzen, um daraus eine neue oder ungewöhnliche Lösung zu konstruieren.
Ein prototypisches Beispiel für dieses kombinierte Verhaltensmuster findet sich in der TV-Serie »MacGyver«. Der Hauptdarsteller stellt seine körperliche Wendigkeit unter Beweis, wenn es etwa darum geht, durch einen verschütteten Tunnel zu robben. Jede Situation ist für ihn neu, er kann nicht auf bereits vorhandene Lösungsmuster zurückgreifen. Richard Dean Anderson als MacGyver zeigt, wie gespeichertes Wissen abgerufen und zu komplexen kognitiven Lösungen vernetzt werden kann. Der Zuschauer erlebt angewandte Wissenschaft, wenn es darum geht, die chemische Reaktion von Schokolade für das Abdichten von Schwefelsäure zu nutzen oder einen Laserstrahl durch das physikalische Gesetz der Lichtbündelung mittels einer optischen Linse auszutricksen. Gefahrensituationen, die nach der herkömmlichen Erfahrung aussichtslos erscheinen, können durch Improvisationsvermögen entschärft werden. Dem ACTION PLAYING entsprechend spielt dabei das Tem-

po eine wesentliche Rolle – es gehört dazu, daß MacGyver bei seinen Aufgaben stets unter großem Zeitdruck arbeiten muß.

Die Gelegenheit beim Schopf packen,
im richtigen Moment rasch zuzugreifen, nicht zu zögern, etwas für sich zu beanspruchen: an jemanden heranzugehen, zielstrebig auf etwas zuzugehen, ist die hier vorherrschende Eigenschaft.

Dazu gehört auch, das Wort zu ergreifen, wie Jane Fonda in »Das China-Syndrom« (USA, 1979):
Die Folgen des Reaktorunfalls sind gebannt, die Übertragungswagen der Fernsehstationen haben sich vor dem Gebäude versammelt, um über das Ereignis zu berichten. Jack Odell (Jack Lemmon), ein Ingenieur des Werkes, der bei diesem Unglück ums Leben gekommen ist, soll als Sündenbock herhalten. Die Reporterin Kimberly Wells (Jane Fonda) kann diesem ungerechten Rufmord nicht länger zusehen. Sie drängt sich durch die Menschenmenge, nimmt dem Journalisten, der gerade auf Sendung ist, das Mikrophon aus der Hand und improvisiert eine »Brandrede«. Vor laufenden Kameras rehabilitiert sie Jack Odell, den einzigen, der die Gefährlichkeit der Lage richtig eingeschätzt hatte.

Jemanden oder etwas an sich reißen
Ein Paket, ein Kuvert, eine Tür aufzureißen heißt, sich ohne Umschweife Zugang zum Inhalt oder in einen Raum zu verschaffen.
Bei der wöchentlichen Pressekonferenz nach dem Ministerrat geht es darum, als erster ein brisantes Thema anzureißen. Wem das gelingt, der bestimmt zumindest für eine Woche den inhaltlichen Kurs, wodurch sich die übrigen Parteien veranlaßt sehen, zum vorgegebenen Punkt ebenfalls Stellung zu beziehen. An sich reißen kann man natürlich auch eine Zuhörergemeinde. Mit allen rhetorischen Kniffen ausgestattet, versteht es eine Reihe von amerikanischen Fernsehpredigern, selbst in ihren Sonntagspredig-

ten »Action« durch den Einsatz von Rhythmus und Anfeuerungsparolen über den Fernsehschirm zu bringen.

Typische VertreterInnen

Michael Douglas, Jacques Chirac, Gerd Bacher,
Jamie Lee Curtis

Entspricht mein innerer Antrieb diesem WAY TO ACT?

Wenn Sie sich rasch auf schwierige und ungewohnte Situationen einstellen können und keine Mühe haben, sich in einer neuen Situation oder Umgebung zu orientieren, bringen Sie die idealen Voraussetzungen für das ACTION PLAYING mit. Sie haben zündende Ideen und sind in der Lage, diese auch umzusetzen. Zu Ihren Eigenschaften gehört es, »nicht locker zu lassen«. Sie sind draufgängerisch und Ihr Lebensgefühl ist, daß Sie »Drive« haben. Entdeckungslustig zu sein, gehört ebenso dazu wie mit neuen Ideen voranzustürmen.

Die Stärken dieses WAY TO ACT

Der Gewinn dieses WAY TO ACT resultiert aus der physischen und psychischen Aktivität. Man spürt das rasche Tempo des Bewegungsablaufs und die erhöhte Reaktionsschnelligkeit. Das Handeln im ACTION PLAYING ermöglicht es, Tempo und Wendigkeit auszuleben und aktiv an etwas heranzugehen. Hier offenbart sich die Freude am »In-Bewegung-Sein« ebenso wie am schnellen Eingreifen und am raschen Treffen von Entscheidungen. Indem Aggressionssignale gesetzt werden, um Ärger zu zeigen, wird auch körperlich die Verteidigungs- und Angriffssituation erlebt, ohne die Absicht, jemanden oder sich selbst zu schädigen.

Ein Schauspieler kann sich in diesem WAY TO ACT körperlich so richtig austoben. Die Freude an der Motorik steht dabei im Vordergrund. Er kann die physische Aktivität beim Laufen, Springen und Raufen genießen. Der Körper wird dabei in einer Weise benutzt, die in unser Alltagsleben – außer in einem Fitneßstudio – nicht mehr integriert ist. Durch den Freiraum des Schauspielens können Aggressionssignale eingesetzt werden, ohne daß die Situation in eine ernsthafte Auseinandersetzung ausartet. Ein Actionheld wird nicht zur Rechenschaft gezogen. ACTION PLAYING funktioniert nach der Übereinkunft des Spielens.

Durch den sogenannten »Carpenter-Effekt« ist es dem Zuschauer aber möglich, soweit mit dem Leinwandgeschehen mitzuleben, daß das stellvertretende Ausagieren durch den Schauspieler emotionale Entlastungsfunktion hat. Nach der Definition besagt W. P. Carpenters 1873 aufgestellte ›Rudimentärtheorie‹, daß »jede wahrgenommene Bewegung zur Nachahmung verleitet. Dadurch kommt es zu rudimentären Bewegungsansätzen beim Empfänger, die ein Miterleben ermöglichen.«

Das Training zur Umsetzung dieses WAY TO ACT

Ziehen Sie mit einem Ruck die Bettdecke zurück und springen Sie aus den Federn. Bringen Sie Ihre müden Knochen in Schwung und Ihren Geist auf Trab, indem Sie mit der Faust kurz in die Luft boxen und sich ein »Go for it!« zurufen. Nehmen Sie die Stellung eines Hürdenläufers ein, der vor dem Start in Position geht. Stellen sie sich vor, gleich feuert jemand den Startschuß ab, und Sie rennen los, um die Welt zu erobern.

Wo spiele ich diesen WAY TO ACT erfolgreich aus?

Dieser Typus ist dort richtig eingesetzt, wo es darum geht, neue Ideen am Puls der Zeit umzusetzen. Soll in einer Firma frischer Wind wehen, dann ist der ACTION PLAYer der Richtige, um eine Sache voranzupushen und Hindernisse zu überwinden.

Ein ideales Beispiel dafür ist die Erfolgsstory des Selfmademan Ray Kroc, des Mannes, der McDonald's zur weltweit führenden Fast-food-Kette aufgebaut hat. Der als dynamische und experimentierfreudige Persönlichkeit beschriebene Kroc hat mit seinen Ideen die als konservativ geltende Gastronomiebranche revolutioniert. Mit der Grundeinstellung »zu wissen, was man will, und es zu fordern« führte er das Erfolgskonzept von McDonald's ein, nämlich gleiches Aussehen und gleichbleibende Qualität in allen Filialen.

Wenn ACTION PLAYING übertrieben wird

Wer prinzipiell in Opposition steht und stets versucht, den anderen herauszufordern, wird sich auf Dauer mehr Gegner als Mitstreiter einhandeln. Ständig alles an sich reißen zu wollen, würde die Aktivität irgendwann lähmen.

Positives Erleben

Aktiv, entscheidungsfreudig, aufgeschlossen Neuem gegenüber, risikofreudig, dynamisch, schnell.

Negatives Erleben

Aggressiv, zerstörerisch, angreifend, jähzornig, unruhig, unbeständig, getrieben.

Wer mit wem?

Gutes Zusammenspiel ist mit LEAD HEAVY gegeben. Sie ergänzen einander in Dynamik und Beständigkeit.
Problematische Verbindung mit BEAUTY & BEAU. Die eher passive Haltung könnte den ACTION PLAYING-Typus ungeduldig werden lassen und zur Weißglut bringen.

III
Strategien der Verkleidung

Masks

Puppets

Jede Art von Kostümierung und die Verwendung von Accessoires fällt in diese Kategorie. Das Verhalten wird von der Verkleidung bestimmt. Nicht der Körper selbst ist hier zentrales Ausdrucksmittel, wie bei den *Körperbezogenen Strategien,* sondern die eigene Person und damit die Art, sich zu präsentieren.

Dressing-up Game

Je nach Intensität der Verkleidung ist das Maß der Veränderung unterschiedlich. Die Strategien variieren von MASKS, bei dem die eigene Person gänzlich hinter der Maske verschwindet (auch Ganzkörpermasken), bis zur AS-IF PERSONALITY, bei der man dem Vorbild bis aufs Haar gleicht. Die Verkleidungsstrategien sind uns allen vom Fasching her bekannt, wir können sie nutzen, wenngleich es nur dem Schauspieler erlaubt ist, ohne gesellschaftliche Sanktionen ungestraft diese vier WAYS TO ACT exzessiv auszuleben.

As-if Personality

Masks
oder die Kunst,
sich zu verbergen

Eine Karnevalsveranstaltung in einem größeren Bürobetrieb. Katharina, 32, Sekräterin, freut sich schon seit Monaten auf diesen Abend. Im Berufsalltag gilt sie als fleißig und zuverlässig, im übrigen nicht als besonders auffallend. Sie zeigt Hemmungen im Umgang mit ihren männlichen Kollegen, ihr Privatleben verläuft eintönig und zurückgezogen.

Bei dieser Karnevalsveranstaltung will sich Katharina allerdings einen langgehegten Traum erfüllen. Sie versteckt sich völlig hinter der Maske eines männermordenden Vamps wie aus den Magazinen der Stummfilmära. Mit einem aufregenden Kleid und einer ihre Anonymität bewahrenden Gesichtsmaske kann sie den ganzen Abend lang als begehrenswerter Star im Mittelpunkt der Aufmerksamkeit stehen.

Was spricht aus MASKS?

Wer *sich bemäntelt* oder hinter einer Fassade verschwindet, wird in ein bestimmtes Bewegungsmuster gedrängt, das vom Kostüm vorgegeben ist. *Moonwalking* ist die perfekte Illusion, sich vorwärts zu bewegen, während die Schritte zurückzugehen scheinen. Kreiert von Michael Jackson, steht Moonwalking für eine artfremde, nicht natürliche Gangart.

Mit der Kinnlade klappern schafft roboterhafte und instrumentalisierte Bewegungen. Der Mund öffnet sich wie zum Sprechen, ohne daß Lippenbewegungen die Laute formen.

Spacesound fabrizieren heißt, die Stimme elektronisch zu verfremden oder Stimmregister zur Erzeugung künstlicher Töne zu benützen.

»Spaceballs« (USA, 1987):
Eine Gruppe Weltraumreisender betritt eine geheimnisvolle Höhle, die von einer riesigen Figur dominiert wird. Ängstlich nähern sich die vier der feuerspeienden Statue, bei der sich plötzlich eine kleine Tür öffnet. Heraus tritt Yogurt (Mel Brooks). Er ist ein Winzling, spitzohrig, grüngesichtig, mit weißem schütteren Haar versehen und in einen riesigen Umhang gewickelt. Seinen Gästen stellt er sich als »der große Yogurt« vor, der Bewahrer einer großen Kraft. Bei dieser großen Kraft handelt es sich, wie er den Besuchern erklärt, um das Geheimnis des Merchandising.

Quelle und Verlauf

Die Wurzeln dieses WAY TO ACT liegen in dem Bedürfnis nach Verkleidung (vom Make-up bis zu Ganzkörpermasken) und wird von den meisten von uns im Fasching ausgelebt. Ursprünglich als kultische Handlung eingesetzt, hat das Verkleiden heute eher gesellschaftlich unterhaltenden Charakter.

Im Geschäftsleben begegnet uns MASKS in Form der sogenannten »Sandwichmen«, die als wandelnde Litfaßsäulen für ein bestimmtes Produkt werben. Aber auch Comic-Figuren verlassen mit diesem WAY TO ACT ihre Zweidimensionalität und treten uns in diversen Vergnügungsparks entgegen.

Eine Extremform von MASKS lebt die französische Performancekünstlerin Orlan. Angewidert von der dekorativen Body-Art der achtziger Jahre, hat sie sich entschlossen, aus ihrem eigenen Gesicht mit Hilfe des Skalpells eine Skulptur zu formen. In neun Operationen, die sie mit der Videokamera mitfilmen ließ und als Medienperformance ihrem Publikum zugänglich machte, hat sie die Gesichtszüge aus Dia-

na, Psyche, Europa, Mona Lisa und Venus in ihr Antlitz schneiden lassen.

Abgesehen von dieser Extremauslegung der plastischen Chirurgie dient eine Schönheitsoperation auch in weniger spektakulären Fällen dem Wunsch, das äußere Erscheiningsbild künstlich zu verändern.

Cyberspace ermöglicht die Zukunftsform von MASKS: Im künstlichen Raum kann man/frau sich mit einem künstlichen Körper bewegen und neue Dimensionen erforschen.

Typische VertreterInnen

Dustin Hoffman als Lippe in »Dick Tracy«, Danny de Vito als Pinguin in »Batman«, Fred Gwynne als Herman Munster, die Schweizer Clownin Gardi Hutter

Entspricht mein innerer Antrieb diesem WAY TO ACT?

Wenn Sie das Gefühl haben, bestimmte Anteile Ihrer Persönlichkeit nur hinter einer Maske versteckt in der Öffentlichkeit zeigen zu können, dann entspricht Ihr innerer Antrieb diesem WAY TO ACT.

Sie besitzen uneingeschränkte Phantasie, körperliches Einfühlungsvermögen in unbeseelte und irreale Dinge. Sie machen keinen Unterschied zwischen realer, Kino- und Phantasiewelt und schreiben auch Gegenständen Eigenschaften und ein Eigenleben zu.

Die Stärken dieses WAY TO ACT

MASKS beinhaltet sowohl die Dimension des Verbergens als auch die Gelegenheit, geheime Phantasien auszuleben.

Durch die Veränderung der eigenen Körpermaße und Dimensionen lassen sich die Grenzen der menschlichen Identität aufbrechen, um eine artfremde Gestalt anzunehmen. Man kann sich verzaubern, ohne befürchten zu müssen, nicht mehr in die ursprüngliche eigene Identität und Realität zurückzufinden.

Der Phantasie sind keine Grenzen gesetzt. MASKS ermöglicht schrankenloses Ausprobieren der Verwandlung in imaginäre Dinge, vom Kobold über den Frühling bis zur Stehlampe. Als Osterhase oder Nikolaus kann MASKS Kindern die Qualitäten dieser Illusion vermitteln.

Das Training zur Umsetzung dieses WAY TO ACT

Probieren Sie etwas Absurdes, als sei es ganz normal. Machen Sie Ihre Steh- oder Wandlampe nach und überlegen sie, wie sie sich fühlt. Oder versuchen Sie, Ihr Auto zu sein und es mit seinen Eigenschaften nachzuahmen und nachzuempfinden.

Wo spiele ich diesen WAY TO ACT erfolgreich aus?

Die Maske der Jahrtausendwende ist die Telekommunikation. Hinter den modernen Geräten läßt sich die persönliche Identität völlig verbergen. Damit können Qualitäten zum Vorschein kommen, die durch die Anonymität geschützt sind.

Michael, 24, ist ein perfekter Verkäufer. Allerdings fühlt er sich im persönlichen Umgang mit den Kunden verunsichert und reagiert oft unwirsch und schroff. Seine idealen Arbeitsbedingungen fand er erst in einer Marketingfirma, die über Telefon ihre Verkaufsgeschäfte abwickelt. Sobald Michael den Kunden nicht mehr Auge in Auge gegenüber saß und aus diesem Grund erstarrte, entwickelte er einen

besonderen Draht zu seinen Gesprächspartnern. Hinter einem Telefonhörer verborgen, kann er mit seiner Stimme die Kunden in aufnahmebereite Stimmung versetzen. Jetzt endlich kann er mit seinen Verkaufstalenten brillieren.

Wenn MASKS übertrieben wird

Wenn Sie sich tatsächlich für jemanden anderen oder etwas anderes halten und ihre eigene Identität bereits verloren haben, sind Sie in MASKS zu weit gegangen. Eine Persönlichkeitsspaltung als Krankheitsbild, die in einem »Dr. Jekyll und Mr. Hyde«-Syndrom mündet, würde das Ende der Negativskala markieren.

Nicht zu empfehlen ist es auch, sich ein Deckmäntelchen umzuhängen und die eigene Persönlichkeit völlig zu verdecken oder zu unterdrücken. Dazu gehört es auch, die eigene Identität mit Hilfe der plastischen Chirurgie verschwinden zu lassen. Michael Jackson ist dafür ein prominentes Beispiel. In Deutschland ist dieses Vorgehen bereits als Krankheitsbild unter der Bezeichnung »Michael-Jackson-Syndrom« bekannt.

Positives Erleben

Narrenfrei, sich magischen Illusionen hingeben, schrankenlos wie im Traum agieren.

Negatives Erleben

Künstlich sein, absurd, weltfremd.

Wer mit wem?

Gut verträgt sich MASKS mit allen Verkleidungsstrategien, weil bei diesen Verständis vorhanden ist, nicht nach der Person hinter der Maske zu fragen.

Schwierig wird allerdings das Zusammensein mit allen anderen WAYS TO ACT, weil diese gerne die Maske lüften würden, um zu wissen, mit wem sie es zu tun haben.

Puppets
oder die Kunst,
sein Gesicht zu wahren

Eine Samstagabend-TV-Show. Der Moderator kündigt als musikalischen Höhepunkt einen Show-Star an, der im deutschen Sprachraum seit Jahrzehnten ungeheure Popularität genießt. Statt ihn sofort mit dem Namen zu nennen, weist er nur auf die Erkennungsmerkmale hin: dunkle Stimme, dunkle Brille, blondes Haar und Evergreens wie »Blau, blau, blau blüht der Enzian«. Vor allem das weibliche Publikum bricht in diesem Augenblick in Beifall aus.
Und die Bühne betritt nun tatsächlich, wie erwartet: Heino! Der Schlagerstar verwöhnt auch diesmal die Fans mit seinem Erfolgsrezept, das sich auf Dauer bewährt hat. Heino präsentiert sich wie immer souverän in seiner besten Rolle: als Heino.

Was spricht aus PUPPETS?

Außer Betrieb beschreibt das leblose Zusammensacken des Körpers, nichts scheint die »Puppe« aufrechtzuerhalten. Als technisiertes Zuwendungssignal wird *mit den Augendeckeln geklappert.* Wie beim *Puppet on the string* wirken die Bewegungen, wenn sie abgezirkelt und nachfedernd sind. Dabei entsteht der Eindruck von Fremdsteuerung.
Die Einschränkung der Puppe erinnert an eine Schallplatte, die *in der Rille hängen bleibt.* Ein und dieselbe Bewegung wird mehrmals hintereinander wiederholt. Starres und hölzernes Auftreten schafft den Eindruck, *einen Besenstiel verschluckt* zu haben.

»Cabaret« (USA, 1972):
Berlin, 1931. In einem Spiegel erscheint, begleitet von einem Trommelwirbel, das Gesicht des Zeremonienmeisters (Joel Grey). Die straffe und glatte Haut wirkt unbelebt wie bei einer Puppe. Mit einem Augenaufschlag scheint er zu erwachen, seine dicken, falschen Wimpern klimpern einladend, seine Augen glimmen ohne beseelte Wärme. Seine dunkelroten, zu einem grotesken Kußmund geschminkten Lippen formen die ersten Worte: »Willkommen, bienvenue, welcome. . .«

Quelle und Verlauf

Im Vergleich zu MASKS bleiben hier stets die menschlichen Gesichtszüge sichtbar. Nur die mimische und physische Beweglichkeit ist wie bei einer Puppe reduziert.

Ein anschauliches Beispiel dafür sind die japanischen Geishas. Das Wort selbst sagt schon viel über ihre Erscheinungsform aus: Geisha setzt sich aus: G E I, was »Kunst« bedeutet, und S H A, »Person«, zusammen. Geisha heißt also: Kunstperson oder künstliche Figur. Einer Puppe gleich, erfüllt sie ihre traditionellen und seit Jahrhunderten unveränderten Aufgaben.

Ganz andere Aufgaben erfüllen PUPPETS in der modernen Unterhaltungsindustrie. In diesem WAY TO ACT agieren u.a. die Museumsführer und Platzanweiser im Londoner Museum of Moving Images (MOMI). Sie tragen Kostüme aus den dreißiger Jahren und verkörpern als Figuren aus dieser Zeit deren Lebensgeschichte. Im Sinne des Human Design werden daher zur Kostümierung auch bestimmte Charakterzüge aufgesetzt, wie die Gemütlichkeit und Redseligkeit des Museumsführers oder die stereotype Sorgfalt, mit der die Platzanweiserin unordentlich herumliegende Prospekte stapelt.

Kommerziell eingesetzt wird PUPPETS als Träger einer bestimmten Werbebotschaft. In Wien gehen Studenten in stilisierten Mozartkostümen durch die Innenstadt und ver-

teilen mit antiquierten Höflichkeitsgesten Werbeprospekte für Konzertveranstaltungen.

In den Fußgängerzonen vieler Großstädte können einem aber auch sogenannte Robotermenschen begegnen. Dabei handelt es sich um Straßenkünstler, die mit einer roboterhaften Performance die Aufmerksamkeit auf sich ziehen.

Typische VertreterInnen

Klaus Nomi, Pee Wee Herman, Cicciolina, Leningrad Cowboys

Entspricht mein innerer Antrieb diesem WAY TO ACT?

PUPPETS entspricht Ihnen dann, wenn Sie sich gerne mittels Verkleidung stark verändern. Sie wollen damit den Blick und Zugang zu der Bandbreite ihrer Wesenszüge verschleiern und nur einen kleinen Ausschnitt Ihres Charakters zeigen. Sie probieren gerne andere und neue Identitäten aus.

Die Stärken dieses WAY TO ACT

PUPPETS ermöglicht es Ihnen, sich hinter einer Leiteigenschaft verstecken zu können. Sie können einen dominanten Charakterzug hervorheben, ohne dabei die ganze Persönlichkeit preiszugeben.

Man/frau kann sich so seine/ihre Wunschpersönlichkeit zurechtzimmern.

So wird eine Aufsplittung der Eigenschaftsvielfalt vermieden zugunsten einer Grundstimmung oder Leiteigenschaft, wodurch eine künstliche Persönlichkeitsstruktur entsteht.

Das Training zur Umsetzung dieses WAY TO ACT

Schauen Sie in den Spiegel, loten sie Ihre Stimmung aus und verstärken Sie diese, indem Sie ganz fröhlich oder restlos übellaunig dreinschauen. Ihr Spiegelbild soll Ihnen – wie bei einer Puppe – nur diesen einen Grundcharakterzug wiedergeben.

Wo spiele ich diesen WAY TO ACT erfolgreich aus

Human Design ermöglicht es Ihnen, Eigenschaften Ihrer Firmen-Corporate-Identity durch die eigene Person lebendig zu verkörpern.

Hubert, 45, Friseurmeister, hat einen kleinen Friseurladen in einem Randbezirk Münchens geerbt. Das Geschäft wurde bisher durch ältere Laufkundschaft so recht und schlecht am Leben gehalten. Hubert entschloß sich, aus diesem Geschäft mehr zu machen. Er wollte nicht nur Friseur, sondern ein echter »Figaro« sein.

Er verpaßte seinem Geschäft ein schrilles Design und schlüpfte in ein Figaro-Kostüm des 18. Jahrhunderts. Gegenüber seiner Kundschaft legte er nun auch ein barockes Verhalten an den Tag, paßte seine Sprache einem untertänigen Verhalten an, schrieb seine Rechnungen mit Federkiel auf Pergament und ondulierte den KundInnen die Haare zu den Klängen Mozarts. Das Friseurgeschäft wurde bald weit über die Grenzen des Randbezirkes bekannt und zu einem florierenden Geheimtip.

Wenn PUPPETS übertrieben wird

Es kann aufgrund der erstarrten Persönlichkeit zu einer unüberbrückbaren Distanz gegenüber lebendiger Vielfalt kommen. Alexander Lowen beschreibt die übertriebene

 Puppenhaftigkeit als Persönlichkeitsstörung, die sich in starrem Gesichtsausdruck, trockener Haut und ziellos ins Leere blickende Augen äußert.

Positives Erleben

Sich idealtypisch darstellen, unerwünschte Eigenschaften und Wesenszüge ausblenden, eine spezielle Eigenschaft forcieren.

Negatives Erleben

Starr, eindimensional in Eigenschaften und Emotionen, oberflächlich.

Wer mit wem?

Das Zusammenspiel von PUPPETS mit DRESSING UP GAME funktioniert zufriedenstellend, weil genügend Abstand zum Persönlichkeitskern gewahrt wird.

Sehr problematisch hingegen verläuft die Kommunikation mit den Strategien der Individualisierung. Hier gibt es kaum Anknüpfungspunkte, weil die Persönlichkeit in PUPPETS nicht breit genug gefächert ist, um interessant zu erscheinen.

Dressing-up Game
oder die Kunst, wandlungsfähig zu sein

Paul, 35, Bankangestellter, ist in seinem Beruf gezwungen, Krawatte und dunklen Anzug zu tragen. Täglich nach Feierabend jedoch kommt er nach Hause und legt mit seinem Anzug auch seine zur Schau getragene Distinguiertheit ab. Er schlüpft in seine Jeans und damit gleichzeitig in sein Freizeitgefühl. Nicht mehr gehandicapt durch Form und Etikette der Berufskleidung, kann er nun seinen großen Vergnügen, dem Motorradfahren und dem lockeren Plaudern in diversen Jazzlokalen, frönen.

Was spricht aus DRESSING-UP GAME?

Großzügig mit Accessoires bestückt sich, wer *sich aufmascherln, aufdonnern* will. *Gut behütet* fühlt sich derjenige, der sich mit der entsprechenden Kopfbedeckung physisch und psychisch schützt.

Man/frau *wirft sich in die Montur* und trägt mit einer Uniformierung den entsprechenden Rang zur Schau.

Vouging ist das Imitieren der Models und des Modelschritts auf dem Laufsteg. Mit *Catwalk* wird durch den geschmeidigen Gang das Fließen der Stoffe zur Geltung gebracht. Wer in *alte Latschen steigt,* schlüpft in legere Kleidung, um sich darin bequem und ungezwungen zu fühlen.

»Dr. Seltsam oder wie ich lernte die Bombe zu lieben« (GB, 1963):
Dr. Seltsam (Peter Sellers) erläutert im Kreise führender

Politiker und Militärs die Konsequenzen eines Atomkrieges. Er sitzt in einem Rollstuhl, wird von spastischen Zuckungen heimgesucht, seine behandschuhte Rechte scheint ein Eigenleben zu führen.

Dr. Seltsam gegenüber sitzt der Präsident (ebenfalls Peter Sellers). Er ist ein ruhiger, besonnener Politiker, dem die Ereignisse über den Kopf zu wachsen scheinen. Seine sachlichen Einwände werden immer wieder von Dr. Seltsam zerstreut, der in glühenden Farben die Vorzüge des Weiterlebens nach einem Atomkrieg schildert. Auch äußerlich unterscheiden sich die beiden frappant. Während Dr. Seltsam mit schlohweißem Haar und getönter Brille in einem Maßanzug steckt, trägt Mr. President einen grauen Anzug, hat schütteres Haar und eine Brille, die auf seinen Intellekt hinweist.

Quelle und Verlauf

Dieser WAY TO ACT bezeichnet alles, was ganz allgemein unter »Verkleiden« verstanden wird, und folgt dem Prinzip »Kleider machen Leute«. Kinder probieren instinktiv mit der Kleidung ihrer Eltern auch das dazupassende Verhalten aus.

Die typischen VertreterInnen sind Models beiderlei Geschlechts, ihre Aufgabe besteht zu einem Großteil darin, mit dem jeweiligen Outfit auch die entsprechende Stimmung zu vermitteln. Aus genau diesem Grund zählt z. B. Linda Evangelista zu den höchstbezahlten Modells, da sie eine überdurchschnittliche Wandelbarkeit besitzt, wie Modedesigner ihr attestieren.

Wem der Fasching zu selten und das Modellbusiness zu weit entfernt ist, der hat immer häufiger die Möglichkeit, sich in historischen Kostümen ablichten zu lassen. Bei diesen Fotografien kann man nicht nur die Zeitperiode wählen, sondern auch ein bestimmtes Rollensujet von romantisch über mondän bis zum Western-Stil.

Vorläufer im Kinderzimmer waren dazu die Kleiderpuppen

aus Papier, deren zweidimensionale Garderobe zum Ausschneiden und Sammeln ebenfalls einen Streifzug durch die Epochen erlaubt hat.

Mit einem bestimmten Kleidungsstück läßt sich aber auch eine bestimmte innere Einstellung offen tragen. Wenn der bekannte Restaurantbesitzer Christian Wrenkh statt einer Kochmütze ein grüne Baseballkappe trägt, signalisiert er seiner Umgebung seine unkonventionelle Einstellung gegenüber der herkömmlichen Küchentradition. Sein Restaurant ist als alternativer Geheimtip bekannt.

Nicht zuletzt fällt auch das Erscheinungsbild der männlichen und weiblichen Transvestiten in diese Verhaltensstrategie, die den Wandel von einem Geschlecht zum anderen nicht operativ, sondern durch Kleidung und Bewegungscodes vollziehen. Wobei gerade die Demaskierung und das Enthüllen des wahren Geschlechts Höhepunkt und Abschluß von Transvestitenshows darstellt. Romy Haag, deutsche EntertainerIn, hat lange Zeit erfolgreich verstanden, das biologische Geschlecht so konsequent zu verbergen, daß Spekulationen schließlich eine Frau hinter dem Mann, der eine Frau darstellt, vermutet haben.

Exotischer Höhepunkt in diesem Genre sind zweifellos die japanischen weiblichen Transvestiten, die schon von klein auf in dieser Rolle erzogen werden und sogar für die japanischen Frauen den idealen Mann verkörpern. Bei ihnen ist es üblich, daß die Mitglieder der »Takarazuka«-Gruppe auch off-stage in eleganten Männeranzügen in der Öffentlichkeit erscheinen.

Typische VertreterInnen

Alec Guinness, Liberace, Hella von Sinnen, Peter Alexander

Entspricht mein innerer Antrieb diesem WAY TO ACT?

Dieser WAY TO ACT ist der richtige für Sie, wenn Sie sich bewußt mit Hilfe von Kleidungsstücken in andere Stimmungen versetzen, also z. B. vom Anzug zur Jeans wechseln und damit vom Beruf in die Freizeit. Man/frau durchlebt im DRESSING UP GAME gerne eine Palette von Charaktereigenschaften. Sie ziehen sich sechsmal am Tag um, zu jeder Gelegenheit genau passend, um ganz die sachliche Businessfrau zu sein, sich im Tennisdress wie eine Profispielerin zu fühlen und im langen Abendkleid so richtig den Glamour des großen Ausgehens zu genießen. Außerdem wählen Sie gerne Berufe, in denen eine Uniform den Charakter der jeweiligen Tätigkeit unterstreicht.

Die Stärken dieses WAY TO ACT

Im DRESSING UP GAME genießt man/frau den Wechsel der Fassade, bleibt dabei aber innerlich stabil und verändert nur das Gehabe. Im Mittelpunkt steht das Respektieren seiner jeweiligen Umgebung, wie also das Tragen eines Abendkleides bei einer honorigen Abendgesellschaft.
Mit Hilfe dieser Art von Anpassungsvermögen läßt es sich gut in Gesellschaften auskommen, sowie beruflichen Verpflichtungen nachkommen. Wer seine/ihre Aufgaben in der Chefetage erfüllt, wird diese Position auch durch die angemessene Kleidung dokumentieren. Durch den dunklen Anzug signalisiert er/sie sowohl sich selbst als auch nach außen seine/ihre Funktion. Er/sie wird sich im dunklen Anzug als Boß authentischer fühlen und dadurch ungezwungene Autorität und positive Ausstrahlung auf seine/ihre Mitarbeiter übertragen. Im Wechsel der Identitäten legt man/frau eine große Geschicklichkeit an den Tag, ohne sich in eine Rollenkonfusion zu verstricken.

Das Training zur Umsetzung dieses WAY TO ACT

Setzen Sie sich fünf verschiedene Hüte auf und stülpen Sie damit auch ein unterschiedliches Gefühl über, z. B. Baseballkappe, Strohhut, Melone oder Stetson, Kopftuch, Radhelm.

Wo spiele ich diesen WAY TO ACT erfolgreich aus?

Dieser WAY TO ACT bietet die Möglickeit, durch die Kleidung nonverbale Signale und Zeichen zu setzen. Mit einer Uniformierung läßt sich etwas ausdrücken, noch ehe es in Worte gefaßt wird.

Markus, 42, Firmenchef, spornt seine Belegschaft oftmals zu Höchstleistungen an, ohne viele Worte zu verlieren. Wann immer er das Gefühl hat, daß seine Mitarbeiter mehr leisten könnten, wechselt er seine Kleidung von salopp auf streng. Die Turnschuhe müssen schwarzen Lackschuhen weichen, die Jeans einem dunkelgrauen Tweedanzug und die Haarlocken einem Bürstenhaarschnitt. Durch diese äußeren Signale fordert er Disziplin, unterstreicht seine Autorität und nimmt die Zügel wieder fest in die Hand. Die Mitarbeiter reagieren auf diese Signale, und ohne daß böse Worte gefallen wären, zeigt die Leistungsbilanzkurve der Firma wieder nach oben.

Wenn DRESSING-UP GAME übertrieben wird

Übertreibt man/frau das DRESSING-UP GAME, besteht die Gefahr, sich in verschiedenen Identitäten zu verlieren. Besessenheit, etwas Bestimmtes darstellen zu müssen, kann an die Stelle von Anpassung treten. Mangelnder Charakter könnte durch die Uniform kompensiert werden.

Schließlich wird mehr der Schein als das Sein gelebt, man/ frau verschwindet so sehr in der Kleidung, daß die Leute nur mehr den Anzug sehen. Als Krankheitsbild kann es zur multiplen Persönlichkeitsspaltung kommen.

Positives Erleben

Gewandt, flexibel, anpassungsfähig; Beweglichkeit auf dem gesellschaftlichen Parkett und in allen sozialen Gefügen.

Negatives Erleben

Überangepaßt, nur auf Äußerlichkeit bedacht, materialistisch.

Wer mit wem?

Unter günstigen Vorzeichen steht die Begegnung mit BEHAVIOURISTICS: Beide leben im besonderen Maße nach den Gesetzen des sozialen Umfelds.
Einige Hindernisse zu überwinden hätte hingegen die Partnerschaft mit LIFELIKE. Hier könnten ein oberflächlicher und ein tiefer Charakter aufeinanderprallen.

As-if Personality
oder die Kunst,
die Welt mit anderen Augen zu sehen

Eine Kartonagenfabrik feiert ihr fünfundzwanzigjähriges Firmenjubiläum. Der Chef und Gründer dieses Betriebes hat sich für das Fest etwas ganz Besonderes einfallen lassen: Er lud die Queen von England ein.
Das Fest ist in vollem Gange, die Stimmung ausgelassen und heiter. Gegen Mitternacht öffnet sich plötzlich die Türe des Festsaales, und herein kommt Ihre Majestät, Queen Elizabeth I.
Die Verblüffung ist groß. Queen Elizabeth grüßt huldvoll und schreitet zu einem freien Platz am Kopf der Tafel. Unter den Festgästen herrscht großes Erstaunen. Alles deutet darauf hin, daß es sich wirklich um die Queen handelt. Sie sieht nicht nur aus wie die Königin, sie verhält sich auch wie die britische Monarchin. Und nach der ersten Aufregung genießen die Gäste dieser Betriebsfeier den Abend im Beisein des hohen Gastes.

Was spricht aus AS-IF PERSONALITY?

Wenn man/frau durch äußere Zeichen eine bestimmte Person kopiert hat, dann *gleicht* er/sie der Person *wie ein Ei dem anderen.* Wer *in jemandes Fußstapfen tritt,* setzt die Aufgaben seines Vorgängers genauso wie dieser fort.
Ganz die Mutter oder *der Vater* beschreibt die mimischen Züge, die ein verwandtschaftliches oder seelisches Näheverhältnis ausdrücken. Sich die charakteristische Körperhaltung und damit die Grundbefindlichkeit einer Per- | **161**

son einzuverleiben heißt, *in eine zweite Haut hineinzu-schlüpfen.*

Mit fremder Zunge sprechen bedeutet, sich Stimmlage, Intonation und Artikulation einer bestimmten Person anzu-eignen.

»Ghandi« (USA/GB, 1982):
Ghandi (Ben Kingsley) sitzt einer britischen Journalistin auf weichen Kissen am Fußboden seines Hauses gegenüber. Während er ihr einige Grundsätze seiner Politik erläutert, läßt er auch seinen Töchtern Aufmerksamkeit zukommen. Er strahlt Ruhe und Überzeugung aus, der sich die Journalistin nicht entziehen kann. Schließlich erhebt Ghandi sich, relativiert seine weisen Formulierungen mit einem Schuß Selbstironie und verläßt, links und rechts von seinen Töchter gestützt, das Haus. Seine schmächtige Gestalt verbreitet Ehrfurcht vor dem großen Geist, seine Augen strahlen Sanftmut und Klugheit aus.

Quelle und Verlauf

Geschichte lebendig werden lassen, ist die entscheidende Qualität dieses WAY TO ACT. Wenn ein historisches Lebens-gefühl durch eine authentische Person wieder aufleben soll, tritt diese Verhaltensstrategie in Kraft. Neben der Freu-de an der Nachvollziehbarkeit und dem Nacherleben von Historie ist es reizvoll, das Nachgemachte mit dem Original zu vergleichen. Das Phänomen der Replikate kommt hier zum Tragen, man vergleicht, inwieweit das Nachgemachte (denken Sie beispielsweise an künstliche Pflanzen oder kopierte Bilder, die echt wirken) tatsächlich an das Echte herankommt. Die Fiberglasplastiken von Duane Hanson seien hier erwähnt, und selbverständlich gehören die berühmten Wachsfiguren der Madame Tussaud ebenfalls hierher.

Beim Fernsehpublikum beliebt ist die »Mini Playback Show«, in der Kinder ihre Vorbilder aus der Pop-Welt imitieren dürfen. Wer seinem Idol in Kostüm und Performance am meisten gleicht, geht als Sieger aus dem Wettbewerb hervor. Wenngleich die Orientierung am Idol nicht die Eigen- persönlichkeit ersetzen sollte, so entspricht dieses Verhalten doch dem angeborenen Nachahmungslernen von Kindern, bei dem Erwachsene nachgespielt werden und das sogar die emotionale Reaktion des Vorbildes miteinbezieht, wie Studien belegen.

Wem *ein* Doppelgänger noch nicht genug ist, der hat in Las Vegas Gelegenheit gleich Dutzende »Elvise« vom Himmel fallen zu lassen. Für diesen Partygag kann eine Truppe von fallschirmspringenden Elvis-Presley-Imitatoren gemietet werden.

Ebenfalls dem Prinzip, eine Identität nachzuahmen, folgt das Auswahlverfahren bei den Tänzerinnen des Pariser »Lido«, das eine Ballettriege vorweisen kann, in der sich die Mädchen nicht nur in den Bewegungen, sondern auch vom körperlichen Erscheinungsbild so wenig wie irgend möglich unterscheiden.

Typische VertreterInnen

Marilyn- und Elvis-Kopien, die Doppelgängerin der Queen, Bob Lockwood, »Anastasia« – letzte Tochter des Zaren

Entspricht mein innerer Antrieb diesem WAY TO ACT?

Es fällt Ihnen sehr leicht, sich in die Gefühlslage anderer Menschen hineinzuversetzen. Sie können ohne Schwierigkeiten deren Standpunkt verstehen, ihre Stimmung nachempfinden und Situationen aus der Perspektive eines anderen wahrnehmen.

Die Stärken dieses WAY TO ACT

Ein Gewinn für das eigene Leben kann die AS-IF PERSONALI-TY sein, wenn aus fremden Identitäten positive Anleihen für die eigene Identität genommen werden. Dabei muß allerdings das fremde Leben auch aus der Sicht des anderen gesehen werden. Es genügt also nicht, einzelne Elemente nachzuahmen, sondern man/frau muß vollkommen aus dem Blickwinkel des Vorbildes agieren.

Mit AS-IF PERSONALITY lassen sich mehrere bereits gelebte Leben ausprobieren. Lebenserfahrung und Lebensweisheit können so in das eigene Tun und Handeln einfließen.

Geschichte (Historie) bzw. eine Lebensgeschichte kann auf diese Weise lebendig gemacht werden. Dabei ist besonders der Vergleich mit der echten Vorlage, mit dem Original, reizvoll.

Das Training zur Umsetzung dieses WAY TO ACT

Versuchen Sie jemanden, den Sie gut kennen, im Bewegungsablauf nachzuahmen. Oder schauen Sie sich ein Video Ihrer LieblingsschauspielerIn an, und imitieren Sie dessen/deren Handlungsvorgang. Erleben Sie diese Filmsituation aus deren Perspektive.

Wo spiele ich diesen WAY TO ACT erfolgreich aus?

Vor allem im Showbusiness kann dieser WAY TO ACT erfolgreich eingesetzt werden. So erlebten einige Interpreten erst ihren Durchbruch, als sie die Persönlichkeit und Identität eines prominenten Vorbildes übernommen hatten.

So geschehen mit dem Österreicher Robert Stangl. Im bürgerlichen Beruf als Maler und Anstreicher tätig, versuchte sich Stangl – relativ wenig beachtet – als Sänger. Erst als sein Vater und seine Umgebung die verblüffende Ähnlichkeit mit dem verstorbenen Schlagerstar Roy Black entdeckten und als diese bewußt zur Karriereförderung eingesetzt wurde, kam Robert Stangl in die Schlagzeilen. Er übernahm nicht nur von seinem Aussehen her das Erbe Roy Blacks, sondern auch das unverkennbare Timbre in der Stimme seines Vorbildes, seinen Stil und seinen treuherzigen Blick.

Wenn AS-IF PERSONALITY übertrieben wird

Eine Übertreibung kann dazu führen, daß man seine eigene Identität vollkommen aufgibt und verliert. Dies könnte in eine Bewußtseinsspaltung ausarten, das Ich-Bewußtsein geht völlig verloren. Man/frau lebt nur noch in der ausschließlichen Identifikation mit jemand anderem.

Positives Erleben

Nachahmend, nachempfindend; sich in die Befindlichkeit eines anderen hineinfühlen.

Negatives Erleben

Mitläufertum, nie zu sich selbst finden; charakterlos im Sinne von fehlenden eigenen Wertvorstellungen.

Wer mit wem?

Da in der AS-IF PERSONALITY Einfühlungsvermögen im Mittelpunkt steht, tut sich dieser WAY TO ACT besonders leicht im Umgang mit allen anderen.

 Schwierigkeiten könnten sich allerdings ergeben mit ACTION PLAYING. Durch das ständige Nachahmen ensteht für diesen das Gefühl der Bedrängnis.

IV
Strategien der Kultivierung

Sowohl das dozierende des STAND-UP PLAYING, als auch das spielerische Element des HOMO LUDENS werden in kultivierter, zugeschliffener und verfeinerter Form eingesetzt.

Das impulsive Verhalten bei beiden WAYS TO ACT ist bereits abgebremst und kann durch eine künstliche Bühnenfigur ausgedrückt werden. Dieses Strohmannprinzip des STAND-UP PLAYING findet oftmals in Kabarett und Kleinkunst Eingang.

Stand-up Playing
oder die Kunst,
sich Gehör zu verschaffen

Historisches Gipfeltreffen der beiden Supermächte USA und UdSSR gegen Ende der siebziger Jahre. Carter und Breschnew führen nach den Zeiten des kalten Krieges entscheidende Abrüstungsgespräche. Im österreichischen Fernsehen kommentiert der Journalist Hugo Portisch dieses Ereignis. Er beschränkt sich nicht nur auf die sachliche Beschreibung der sichtbaren Ereignisse, sondern erläutert mit ausholenden und lebendigen Gesten die weltpolitischen Zusammenhänge. Er unterstreicht seinen Redefluß mit dynamischen Handbewegungen und reißt sein Fernsehpublikum mit.

Diese Art des Kommentierens wurde zum Markenzeichen Hugo Portischs, der heute einer der prominentesten Fernsehkommentatoren und zeitgeschichtlichen Dokumentarfilmer ist.

Was spricht aus STAND-UP PLAYING?

Wer *um Worte ringt*, verwendet sprachersetzende Bewegungen mit motorischer Dominanz. Mit beiden Händen zugleich kann aber auch Tempo und Rhythmus des Redeflusses begleitet werden, als ob *ein Orchester dirigiert* wird. Beim *Händewaschen* werden die Hände aneinander gerieben und dabei die Gedanken umgewälzt.

Mit den Händen *werden Gedankenkreise geformt* und damit innere Wiederholungsschleifen nachvollzogen, bis sich der Gedankenkreis schließt. *Puddingstürzen* deutet

darauf hin, daß ein Gedanke festgehalten und genauer aus-
geführt wird. Mit der flachen, offenen Hand wird ein *Finger-
fächer* geformt und mit diesem *gewippt*, wenn man mit
einem geäußerten Gedanken noch nicht hundertprozentig
einverstanden ist. Man/frau fegt ein Argument beiseite,
wischt es vom Tisch.

*»Broadway Danny Rose« (USA, 1984):
Der Künstleragent Danny Rose (Woody Allen) versucht
einem Hotelbesitzer einen seiner Klienten schmackhaft zu
machen. Er beschreibt mit Händen und Füßen die Vorzüge
und Qualitäten der Künstler, um ein Engagement zu bekommen. Der Hotelbesitzer lehnt jedoch einen Namen nach
dem anderen ab. Danny Rose rückt ihm immer mehr auf die
Pelle, beschwört ihn beinahe und redet wild gestikulierend
auf ihn ein. Er zerreißt sich förmlich, rudert mit den Armen
und schildert ihm eindringlich die besten Nummern seiner
Künstler.«. . .Da wäre noch mein schlittschuhlaufender Pinguin, mit einem Bart als Rabbiner verkleidet, zum Schreien
komisch, sag' ich dir. . .!«*

Quelle und Verlauf

STAND-UP PLAYING beruht auf der amerikanischen Tradition der Stand-up Comedians, bei der ein Mann oder eine
Frau allein auf der Bühne steht und eigentlich nichts weiter
tut, als in witziger Weise über die alltäglichen Ereignisse
des Lebens zu sprechen. Wenn die Kabarettisten sich »die
Seele aus dem Leib reden« und sich »mit Händen und
Füßen« ihrem Publikum mitteilen, dann schätzt das Publikum dabei nicht nur den Wortwitz, sondern auch den physischen Einsatz, der dabei geleistet wird. Es hat das Gefühl,
ernst und wichtig genommen werden, wenn eine(r) bereit
ist, sich »da oben« geradezu für seine Zuschauer zu »zerreißen«.
Diese Form des Kabaretts ist eng verbunden mit den 99-
Seat-Theatern, kleinen Vorsprechtheatern, in denen Schau-

spielerInnen aufgetreten sind, um sich und ihren Showcase, ihr festes Repertoire, Agenten und Publikum vorzustellen.

Seine Wurzeln hat dieser Stil der Konference in einer amerikanisch-jüdischen Tradition, die diese Art der Unterhaltung bei Hochzeiten bot.

Typische VertreterInnen

Woody Allen, Ernst Wolfram Marboe, Crissy Rock, Lenny Bruce

Entspricht mein innerer Antrieb diesem WAY TO ACT?

Wenn Sie gerne Ihre Worte beim Sprechen mit lebhafter Gestik unterstreichen, dann sind Sie mit diesem WAY TO ACT gut beraten. STAND-UP PLAYING äußert sich in sprachersetzenden und sprachbegleitenden Handbewegungen. Sie suchen mit den Händen nach Worten und tun sich so auch leichter, Gedanken und Ideen zu formulieren. Sie teilen Gedanken »mit beiden Händen aus« und »erringen« auf diese Weise Aufmerksamkeit.

Die Stärken dieses WAY TO ACT

Nüchterne Themen und eintönige Ereignisse können mit dem STAND-UP PLAYING an Dynamik gewinnen. Die Aufmerksamkeit des Zuhörers wird gesteigert, abstrakte Inhalte können leichter zu Worten und Gedanken geformt werden.

Wenn ein(e) AlleinunterhalterIn in dieser Strategie um Aufmerksamkeit ringt, wird dies vom Publikum besonders honoriert.

Als Kunstfigur besteht mit dem Strohmannprinzip die Möglichkeit Äußerungen zu tätigen, ohne dabei die eigene Person unmittelbar ins Spiel zu bringen.

Das Training zur Umsetzung dieses WAY TO ACT

Denken Sie an das wilde Gestikulieren der Südländer. Stellen Sie sich vor, Sie befinden sich auf einem Markt in Neapel. Versuchen Sie nun, Ihrem eigenen Spiegelbild in heftiger Gebärdensprache etwas zu verkaufen.

Wo spiele ich diesen WAY TO ACT erfolgreich aus?

Durch die Art und Weise des STAND-UP PLAYING erreicht man/frau sein/ihr Publikum leichter. Auch wenn Nachdenkpausen und die Suche nach einer passenden Formulierung den Redefluß ins Stocken zu bringen drohen, können die Zuhörer mit diesem WAY TO ACT gefesselt werden.

Harald, 39, ist Dozent an der Freien Universität Berlin. Zeit seines Lebens mußte er gegen seine Schüchternheit ankämpfen, die ihn hinderte, sein Engagement und seine Leidenschaft zu zeigen. Mit großer Hingabe widmete er sich seiner Forschungsarbeit im Bereich der Soziologie und wollte seine Ergebnisse auch gerne den StudentInnen vermitteln. Anfangs nahm jedoch kaum jemand auf der Universität Notiz von seinen unsicher vorgetragenen Lehrveranstaltungen. Erst als er nicht mehr versuchte, seine Kommunikationsprobleme hinter einer leblosen Haltung zu verbergen und zu seinem Ringen nach Worten stand, gewann sein Vortrag an Lebendigkeit. Auch wenn er nicht auf Anhieb druckreif formulierte und die Suche nach Worten mit vorantreibenden Handbewegungen zu beschleunigen trachtete, honorierten die StudentInnen sein echtes Bemühen und lernten bald, seine Leidenschaft an der Sache zu teilen.

Wenn STAND-UP PLAYING übertrieben wird

Wird das STAND-UP PLAYING übertrieben, besteht die Gefahr eines zu raschen Tempos. Der Eindruck von »übertourig« oder »übersteuert« kann entstehen. Die Zuhörer fühlen sich überfahren, mit Informationen überladen und können keine Inhalte mehr aufnehmen. Durch mangelnde Selbstkoordination entsteht ein unfreiwillig komischer Effekt. Es wäre falsch, mangelnde Gedankenstrukturen durch Scheinaktivität überspielen zu wollen.

Positives Erleben

Aufrichtig bemüht, leidenschaftlich mit dem Thema identifiziert, begeistert und begeisternd, mitreißend.

Negatives Erleben

Zerfahren, zerfleddernd, unkoordiniert.

Wer mit wem?

STAND-UP PLAYING und ACTION PLAYING ergänzen sich im Tempo, was zu einer guten Partnerschaft führen kann.
Unter weniger günstigen Voraussetzungen steht das Zusammentreffen mit MICROACTING. Dessen zurückhaltende Reaktion würden STAND-UP PLAYING zu immer heftigeren Bemühungen um Verständlichkeitssignale antreiben.

Homo Ludens
oder die Kunst, unbeschwert zu sein

Wahlkampftour des amerikanischen Präsidentschaftskandidaten Bill Clinton 1992. Vor einer riesigen Anhängerschaft hält er zunächst eine zündende Wahlkampfrede. Als Ausklang der Veranstaltung holt er plötzlich hinter dem Rednerpult sein Saxophon hervor und schlägt damit im Wahlkampf ganz neue Töne an. Die Menge ist begeistert und schwenkt Transparente und Fähnchen.

Was spricht aus HOMO LUDENS?

Mit einem *federnden Gang* geht man/frau leichtfüßig durchs Leben. *Fingerschnippen* betont den Rhythmus und gibt den Swing des Lebensgefühls wieder. Musik lädt aber auch zum *herumalbern* ein.
Vieles wird *auf die leichte Schulter genommen* – wer wird sich unnötig mit einem Problem belasten? Dazu gehört auch, sich abzubeuteln, etwas abzuschütteln oder *mit der Achsel zu zucken*. Ebenso werden *Schwierigkeiten* oft *beiseite gekickt*.

»Die Stadt der Frauen« (I, 1980):
Snaporaz (Marcello Mastroianni) durchstöbert die Videogalerie seines Freundes Katzone, in der dieser die leidenschaftlichsten Momente seiner Eroberungen festgehalten hat. Neugierig streicht Snaporaz durch den Wandelgang, der dem Votivgang einer Kirche gleicht. Von der riesigen Auswahl der verdunkelten Bilder angelockt, kann Snaporaz

nicht widerstehen, endlich einen der Knöpfe zu drücken. Staunend lauscht er dem Liebesgeflüster, sucht sich ein weiteres Bild aus und findet nun endgültig Gefallen an dem Spiel. Er kommt in Schwung, »Smick, Smack« schnalzt er mit der Zunge, wie ein Faun pirscht er sich zum nächsten Video vor und will noch eines hören. Er wird immer ungestümer, tänzelt bald durch den Raum, betätigt einmal hier einen Knopf, einmal da, schaltet ein zweites und ein drittes Video dazu. Eine Orgie von Stimmen und Gesichtern entsteht, Snaporaz tanzt nach einer wahren Choreografie der Lüste.

Quelle und Verlauf

Mit HOMO LUDENS ist jene Haltung verbunden, die im Volksmund mit »dem Kind im Manne« umschrieben wird. In diesem Sinn ist auch das amerikanische Graffity mit dem Text: »Boys become men, but women stay women«, zu verstehen. Nicht umsonst spricht man vom sogenannten »Playboy«. Der »Faun«, wie ihn etwa Marcello Mastroianni darstellt, oder der »Spieler«, eher durch Jean Paul Belmondo verkörpert, sind die beiden Varianten dieses Typus. Frauen in diesem WAY TO ACT verhalten sich eher burschikos, sie entsprechen mehr dem Typ der Abenteurerin. Frauen, mit denen man »Pferde stehlen kann« gehören in diese Kategorie. Früher etwa von einer patenten Doris Day verkörpert, entsprechen sie heute eher »Thelma und Louise«, im Film dargestellt von Susan Sarandon und Geena Davis.
Es ist eine spielerische Leichtigkeit im Umgang mit der Welt, die den HOMO LUDENS, den »spielenden Menschen«, ausmacht. Im Unterschied zu Kindern ist allerdings das Spielverhalten beim Erwachsenen ein künstliches Beiseitetreten, während Kinder durch das Spiel eine weitere Entwicklungsstufe erreichen.
Lachfalten, die im Laufe des Lebens erworben wurden, sind das physiognomische Charakteristikum des echten HOMO

LUDENS.

Typische VertreterInnen

Claus Peymann, H.J.Kuhlenkampf, Martina Navratilowa, Jean Paul Belmondo

Entspricht mein innerer Antrieb diesem WAY TO ACT?

Sie sind ein HOMO LUDENS-Typ, wenn Sie ein »guter Kumpel zum Pferdestehlen« sind. Sie sehen die Dinge locker und gehen auf sie zu. Sie spüren Rhythmus, und Ihr Lebensgefühl läßt sich mit »swing« beschreiben. Manchmal haben Sie eine »Was kostet die Welt«-Einstellung.

Die Stärken dieses WAY TO ACT

Heitere Gelassenheit dominiert diesen WAY TO ACT. Dem HOMO LUDENS-Typ sitzt der Schalk im Nacken. Er/Sie ist ein/e LebenskünstlerIn, die spielerischen Elemente überwiegen sein/ihr Tun und Handeln. Zeit seines Lebens wird eine jungenhafte Unbekümmertheit bewahrt. Gewandtheit im gesellschaftlichen Umgang machen die Stärken des HOMO LUDENS ebenso aus wie eine kosmopolitische Einstellung.

Das Training zur Umsetzung dieses WAY TO ACT

Klettern Sie aus dem Bett, sagen Sie sich »It's showtime, folks«, und schnippen Sie dabei mit den Fingern. Gehen Sie »swingend« auf die Straße, als ob Sie sich zur Musik bewegten.

Wo spiele ich diesen WAY TO ACT erfolgreich aus?

Jemand mit diesem Antrieb ist »immer gut drauf« und »flott unterwegs«. Er/sie fühlt sich besonders wohl in kommunikativen Berufen, bei denen gute Laune gefragt ist.

Angelika, 22, begann eine Lehre als Bankkauffrau. Ihr heiteres Temperament und ihre lockere Unangepaßtheit stieß allerdings auf wenig Gegenliebe Ihrer Vorgesetzten, und dementsprechend fehl am Platz fühlte sich auch Angelika.

Während eines Sommerurlaubs in einem bekannten Ferienclub lernte sie erstmals den Beruf des Animateurs/der Animateurin kennen. Sie fühlte sich sofort zu dieser sonnigen Tätigkeit hingezogen. Daraufhin kündigte sie ihren Job in der Bank und begann als Animateurin im Ferienclub zu arbeiten. Stets gut gelaunt, organisiert sie Spiele und Theateraufführungen und muntert die Gäste zu Sportwettkämpfen auf. Heute ist sie eine der beliebtesten und erfolgreichsten in ihrer Branche und reist das ganze Jahr rund um die Welt zu den schönsten Feriendörfern, wo sie den Urlaubern angenehme und fröhliche Tage bereitet.

Wenn HOMO LUDENS übertrieben wird

Im übertriebenen Fall kann die Verspieltheit zu einem Spiel mit dem Feuer werden. Aus natürlichem Charme wird Keßheit.

Der männliche HOMO LUDENS-Typ wird zum Playboy, »schaut jedem Rock hinterher« und prahlt mit zahlreichen Frauengeschichten. Geschäftlich und privat kann zu hoch gepokert werden.

Positives Erleben

Offenherzig, spontan, patent, unverkrampft, jugendlich, flott, unbekümmert, kosmopolitisch, optimistisch, unbeschwert, flexibel, gesunde Eitelkeit besitzend, kompromißbereit, burschikos, abenteuerlustig.

Negatives Erleben

Leichtlebig, übertrieben eitel, gockelhaft, sich wie eine Fahne mit dem Wind drehend, der Wendehals, rückgratlos, frivol, unschlüssig, unentschieden, mit Gefühlen spielend.

Wer mit wem?

Gut verträgt sich HOMO LUDENS mit MALE & FEMALE POWER. Sie haben ähnliche Ausstrahlung und verstehen gegenseitig ihr Lebensgefühl.
Problematisch hingegen ist das Auskommen mit dem LEAD HEAVY-Typus. Dieser hält den HOMO LUDENS für zu unbedenklich in seinem Tun.

V
Soziale Strategien

Hier sind alle Verhaltensformen zusammengefaßt, die ihren Ursprung im sozialen Umfeld haben. Weder das Verkleiden noch das körperliche Erscheinungsbild stehen dabei im Vordergrund, sondern die Verhaltensweisen, die innerhalb einer sozialen Gruppe gefordert werden.

In den einzelnen WAYS TO ACT sind verschiedene Schwerpunkte gesetzt: MALE & FEMALE POWER beinhaltet die Notwendigkeit, sich im sozialen Gefüge durch gesellschaftliche Macht und Ansehen zurechtzufinden. Sich gegen soziale Mißstände verbal zur Wehr zu setzen hat RAP hervorgebracht. SUBCULTURAL hingegen steht außerhalb der sozialen Einheitskultur, wobei man/frau sich einer bestimmten Gruppe zuordnet und von anderen abgrenzt.

Klassen- oder kulturspezifische Verhaltensnormen anzunehmen bestimmt den WAY TO ACT von BEHAVIOURISTICS.

Bei all diesen sozialen Strategien geht es um die Selbstbehauptung des Individuums innerhalb eines sozialen Umfelds.

Male & Female Power
oder die Kunst, sich zu behaupten

Wien, 13. April 1945. Im durch Bombenangriffe stark beschädigten Rathaus taucht ein gewisser Rudolf Prikryl auf und behauptet, im Auftrag der Kommunistischen Partei das Bürgermeisteramt zu übernehmen. Er beginnt sofort, seines Amtes zu walten, stellt Urkunden aus, verteilt Lizenzen und empfängt Bittsteller.
In den allgemeinen Wirren so kurz nach Kriegsende dauerte es einige Tage, bis Nachforschungen ergaben, daß er bei den Kommunisten nicht bekannt war. Der Auftraggeber konnte nicht eruiert werden, niemand hatte Rudolf Prikryl in das Amt des Bürgermeisters eingesetzt, das er mit so großer Selbstsicherheit ausfüllte.

Was spricht aus MALE & FEMALE POWER?

Eine Idee gebären heißt, einen neuen Gedanken wie neues Leben in die Welt zu setzen. Wer *mit einer Idee schwanger geht,* gibt einem Gedanken die nötige Zeit zu reifen. *Ihre Frau stellen* bedeutet, sich in der Männerwelt nicht unterkriegen zu lassen. Augen, aus denen ein zündender Funke blitzt, leuchten wie der *Antilopenblick.* (Springt kein Funke über, ist man /frau abgeblitzt.) Wer *das Sagen hat,* trifft Anordnungen.

»Ein Offizier und Gentleman« (USA, 1982):
Der Absolvent einer Offiziersschule (Richard Gere) verläßt
mit dem Motorrad seine Ausbildungsstätte und fährt zur

Fabrik, in der seine Freundin Paula (Debra Winger) arbeitet.
Er betritt in seiner weißen Galauniform und mit Offiziers-mütze die Fabrikhalle und geht zielstrebig an den lautdröh-nenden Maschinen vorbei. Beinahe geblendet von dem jun-gen Gentleman in weiß-gold, heben die Arbeiterinnen die Augen von ihren schmutzigen Maschinen und blicken faszi-niert auf die elegante Erscheinung. Siegessicher und im Bewußtsein, nun einer Elite anzugehören, marschiert der Offizier zu seinem größten Triumph: Er holt sein Mädel von der Fließbandarbeit weg, nimmt sie in den Arm und trägt sie wie ein Bräutigam auf Händen aus der Fabrik der unterge-henden Sonne entgegen.

Quelle und Verlauf

Bei MALE & FEMALE POWER geht es um das Innehaben und Ausüben von gesellschaftlicher Macht, wobei ganz allgemein das Gesetz gilt, daß die eigenen (geschlechtsspezifischen) Werte stabil bleiben, während sich die Umgebung daran anpaßt. An diesem WAY TO ACT sind daher die gesellschaftli-chen Veränderungen besonders deutlich feststellbar.

Noch herrscht in diesem WAY TO ACT aus männlicher Sicht gesehen das Prinzip »Erfolg macht sexy«, wobei Erfolg mit wirtschaftlicher Macht, finanzieller Potenz und einer einfluß-reichen Position gleichgesetzt wird. Auf den Alltag übertra-gen, liegt hier der Schlüssel für die Verbindung von Geld als Machtsymbol mit Sexualität als Machtausdruck. Alexander Lowen erklärt den Zusammenhang von Geld und Macht als Überlegenheit, die einmal unpersönlich in Form von Reich-tum oder biologisch als das Vermögen, eine Frau zu schwän-gern, anzusehen ist. So gesehen ist der Unterschied in der Machtausübung lediglich graduell und nicht prinzipiell einzu-stufen, wobei allerdings entscheidend ist, ob Macht unter-drückend eingesetzt und empfunden oder als Möglickeit, etwas zu bewirken, betrachtet wird. Bei David Copperfield liegt beispielsweise der Gedanke nahe: Wer eine Frau durch die Luft fliegen lassen kann, hat auch Macht über sie. **181**

Während die (erotische) Anziehungskraft bei Männern durch ihr soziales Handeln definiert war, durch ihre gesellschaftliche Stellung, durch das was sie »darstellten«, wurde die Attraktivität der Frauen an ihrem Äußeren gemessen. Entscheidend für den Umschwung zum gleichzeitigen Nebeneinander von MALE & FEMALE POWER ist das Abgehen von der Regel, daß eine Frau dadurch bestimmt ist, wie sie aussieht, während der Mann sich durch seine Tätigkeit definiert.

Im Alltag wird dieser WAY TO ACT im Typ des »Macho« gelebt oder, etwas charmanter, in den »James Bond«-Figuren.

Mittels Kleidung, z. B. Uniformen, breiter Schulterpolster, wird Überlegenheit transportiert. So waren in der Damenmode die breiten Schultern so lange en vouge, wie sich die Frauen noch männliche Verhaltensmuster aneigenen mußten, um sich in der Männerwelt einen Platz zu erobern. Nachdem Frauenpower mit ihren eigenen Gesetzen beginnt tragfähig zu sein, ist dieser Modetrend verschwunden.

So beginnen sich durch FEMALE POWER »weibliche« Werte wie Teamarbeit, größere Kommunikationsbereitschaft und ein weniger imageorientiertes und dafür mehr ergebnisorientiertes Arbeiten durchzusetzen.

Typische VertreterInnen

Ted Turner, Jil Sander, Camille Paglia, Alain Delon

Entspricht mein innerer Antrieb diesem WAY TO ACT?

Wenn Sie sich in einem sozialen Umfeld problemlos zurechtfinden, die Regeln kennen und gewinnbringend einsetzen, dann erkennen Sie sich in diesem WAY TO ACT wieder. Das soziale Umfeld kann geschäftlicher Natur sein, wie z. B. die Welt der Banker oder das Showbusiness, aber auch gesamtgesellschaftlich dominiert, wie in der Frauen- oder Männerwelt.

Die Stärken dieses WAY TO ACT

MALE & FEMALE POWER vermittelt aufgrund von Leistung oder Kraft der Persönlichkeit gesellschaftliche Autorität. Dabei werden soziale Regeln angenommen und bewußt eingesetzt, um Macht zu erwerben und etwas bewegen oder verändern zu können.

Mittels dieses WAY TO ACT können auch gesellschaftlich neue Regeln aufgestellt werden, die anderen dann als Norm dienen.

Der Erfolg des MALE & FEMALE POWER signalisiert der Umgebung erhöhte (erotische) Attraktivität.

Das Training zur Umsetzung dieses WAY TO ACT

Suchen Sie in Ihrem Umfeld einen Mißstand, der Sie schon lange stört, und schulen Sie Ihr soziales Verantwortungsbewußtsein. Überlegen Sie, mit welchen Regelveränderungen Sie geänderte Umstände herbeiführen können. Setzen Sie sich an die Spitze einer Selbsthilfegruppe, definieren Sie deren Aufgabe und organisieren Sie die Umsetzung der Ziele.

Wo spiele ich diesen WAY TO ACT erfolgreich aus?

Macht muß nicht mit Gewalt einhergehen. Macht kann auch verantwortungsbewußt zum persönlichen oder zum Wohle einer Gemeinschaft eingesetzt werden.

Ein Beispiel aus der jüngeren Geschichte, das jeder von uns kennt, ist das Mahatma Ghandis. Der indische Politiker hat mit seinem gewaltfreien Widerstand das britische Imperium in die Knie gezwungen. Er setzte seine ganze Macht und Autorität ein, um sein Volk in die Freiheit zu führen. Dabei verzichtete er auf Waffengewalt und setzte auf die Kraft des Geistes und der Überzeugung.

Wenn MALE & FEMALE POWER
übetrieben wird

Sehr leicht kann Autorität falsch verstanden werden und in diktatorisches Verhalten ausarten. Macht wird dann nur noch eingesetzt, um andere zu dominieren und sich selbst in eine Anführerposititon zu bringen. Hohle Autorität muß dann mit Hilfe von Macht- und Gewaltsymbolen kaschiert werden.

Unter die negativen Aspekte von MALE & FEMALE POWER fällt auch die sexuelle Belästigung gegenüber dem anderen Geschlecht, im Regelfall gegenüber Frauen.

Positives Erleben

Echte Autorität besitzen, mächtig sein, bestimmt und bestimmend, ordnend.

Negatives Erleben

Herrisch, unterdrückend, manipulativ, bezwingend, aufzwingend, überlegen, maßregelnd.

Wer mit wem?

Gut verträgt sich MALE & FEMALE POWER mit BEHAVIOURISTICS. Die beiden WAYS TO ACT leben in einem ähnlichen Bezugssystem, da sie imstande sind, die individuellen Interessen hinter das Gemeinwohl zu stellen.

Unter weniger guten Vorzeichen steht die Begegnung mit HOMO LUDENS. Der eine bevorzugt die *Macht*spiele, während dem anderen eher die Macht*spiele* zusagen.

Rap
oder die Kunst, wortgewaltig zu sein

Eine U-Bahnfahrt in Berlin. Andreas, ein Wiener Tourist, verläßt bei der Station »Bahnhof Zoo« den Zug. In diesem Augenblick verstellen ihm zwei Jugendliche den Weg. Sie haben ihre Fäuste in den Jackentaschen vergraben und verlangen drohend von Andreas die Herausgabe seines Portmonnaies. Nach Überwindung einer Schrecksekunde beginnt Andreas auf Wienerisch »draufloszuquasseln«. Er redet fast freundschaftlich auf die Jugendlichen ein, die nun ihrerseits Verblüffung zeigen. Sie lassen von ihrem wortgewaltigen Opfer ab und verschwinden im Laufschritt.

Was spricht aus RAP?

Leiern wie eine Gebetsmühle heißt, ununterbrochen und monoton Worte und Sätze aneinanderzureihen und Gedanken zu wiederholen. Wer jemanden *niederredet*, tötet die gegenseitige Kommunikation durch Monologisieren ab. In Diskussionen dagegen werden *Wortgefechte geführt*, um Argumentationen auszuspielen.

Zu RAP gehört aber auch, *Phrasen* zu *dreschen* und *Worthülsen* zu *liefern*. Das *Loslassen* einer *verbalen Maschinengewehrsalve* signalisiert eine Wort-Attacke.

»Beverly Hills Cop« (USA, 1984):
Axel Foley (Eddie Murphy), ein vom Dienst suspendierter Cop, will in einem Zollverschlußgelände nach Rauschgift suchen und wird dabei von der Wachmannschaft über- **185**

rascht. Er hält ihnen kurz eine »Hundemarke« unter die Nase, gibt sich als Inspektor Rafferty aus und beginnt draufloszuquasseln. Die verblüfften Männer müssen sich eine Strafpredigt anhören, in der ihnen der »Inspektor« vorwirft, Unbefugte ins Gelände zu lassen. Wortgewaltig redet Axel Foley sich aus der Bredouille heraus, droht in seinem Wortschwall den Wachleuten mit ihrer Suspendierung und gelangt so schließlich an geheime Unterlagen.

Quelle und Verlauf

Der Begriff »rap« stammt aus dem US-Slang und bedeutet »jemanden vollquatschen«. Beim »Rap« handelt es sich ursprünglich um einen rhythmischen Sprechgesang mit sozialkritischem Inhalt, der in den Schwarzen-Ghettos Amerikas als Rebellion gegen das weiße Establishment entstanden ist. Die aggressiven, aufbegehrenden Rhythmen haben dabei ihren Ursprung in der Soulmusik. RAP kann als »Waffe im Großstadtdschungel« bezeichnet werden. Aus der sozialen Defensive entstanden, stellt RAP eine Lebensbewältigungsstrategie für eine unterprivilegierte Minderheit dar.
Im Alltag wird RAP von Frauen als Waffe gegen Belästigung eingesetzt. Unverfängliches Dauerreden würgt etwaige wüste Gedanken eines lästigen Verfolgers schlichtweg ab.
Weniger martialisch, aber sozial mindestens ebenso wirksam, ist die Idee einer amerikanischen Lehrerin, Geschichte durch Rhythmen und Reime zu vermittelt. »Rap the Facts«, heißt die erfolgreiche Lernstrategie. Eine Methode, die bereits die mittelalterlichen Minnesänger angewendet haben, um ihre Nachrichten zu behalten und weiterzugeben.

Typische VertreterInnen

Edith Hanke, Peter Pilz, die Fantastischen Vier, Ghettooriginal Production Dance Company

Entspricht mein innerer Antrieb diesem WAY TO ACT?

Der innere Antrieb zu diesem WAY TO ACT ist relativ einfach erklärt: Sie fühlen sich in RAP dann zu Hause, wenn Sie das Bedürfnis haben, über ein Thema, das Sie interessiert, stundenlang, ohne Atem zu holen zu reden und das auch des öfteren tun.

Die Stärken dieses WAY TO ACT

RAP bietet die Möglichkeit, eine »verbale Waffe« einzusetzen, um sich einen Platz im sozialen Gefüge zu verschaffen.
Die Art der Worte bestimmt den Umgangston und die Umgangsform, sie prägt den Charakter und das Weltbild.
Sprache verbindet Menschen mit ihresgleichen. Sie ist aber auch das Gedanken bildende Organ. Jemand, der besonders gut der Sprache mächtig ist, kann mit RAP eine neue Gedankenwelt für sich und seine Umgebung erschließen.

Das Training zur Umsetzung dieses WAY TO ACT

Lesen Sie alte Balladen oder Shakespeare-Stücke laut und im Versmaß, und versuchen Sie, den Rhythmus, der in diesen Stücken enthalten ist, zu erfassen.
Suchen Sie möglichst viele Synonyme, Abstraktionen und Analogien, um Ihre Sprache reicher zu machen. Setzen Sie dann Ihre Worte und die damit verbundenen Konnotationen zielgerichtet ein.

Wo spiele ich diesen WAY TO ACT erfolgreich aus?

Sprache kann das Denken strukturieren. Neue Gedanken können der Allgemeinheit zugänglich gemacht und neue Dimensionen eröffnet werden. Eine geschliffene Sprache und verbale Argumentation, als »Redekunst« oder »Rhetorik« bezeichnet, wurde gezielt erstmals im antiken Griechenland im Zuge der Rechtssprechung anläßlich der Beseitigung der Tyrannenherrschaft und der daraus resultierenden Prozeßflut eingesetzt.

Richard, Dr. jur., 38, ist heute ein sehr erfolgreicher Strafverteidiger. Am Beginn seiner Berufslaufbahn war er mit mäßigem Erfolg als Wirtschaftsjurist tätig. Erst als er die Kanzlei wechselte und als Strafverteidiger eingesetzt wurde, begann sein Aufstieg. Denn vor Gericht konnte er sein bis dahin ungenütztes rhetorisches Talent ausspielen. Er gewann viele Prozesse, indem er flammende Plädoyers zugunsten seiner Klienten hielt und mit brillanter Argumentation die Geschworenen überzeugte.

Wenn RAP übetrieben wird

RAP in der Übertreibungsform führt zu keinem echten Gedankenaustausch. Man/frau läßt den anderen nicht zu Wort kommen und überfährt ihn/sie mit seinen/ihren Argumenten. Der Gesprächspartner fühlt sich überfordert, mit Gedanken überladen und kann dem Redeschwall nicht mehr folgen.

Positives Erleben

Eloquent, sprachgewandt, beredt, gedanklich reich.

Negatives Erleben

Jemanden niederreden, totreden, bequatschen, ein loses Mundwerk haben, jemanden anlabern, plappern, eine schmutzige Sprache verwenden.

Wer mit wem?

RAP ergänzt sich gut mit ACTION PLAYING. Für beide spielt das Tempo eine entscheidende Rolle: bei dem einen in der Sprache, bei dem anderen im Agieren.
Kaum Übereinstimmung gibt es hingegen mit MICROACT-ING. Dieser WAY TO ACT zeigt zuwenig Reaktion, was RAP veranlaßt, den/die Betreffenden »niederzureden«.

Subcultural
oder die Kunst,
sich zu verwurzeln

Die Sprache erzeugt unterschiedliche Bilder und formt die Wahrnehmung des Lebensraumes.
Perfekt dem »Volk aufs Maul schauen« kann die berühmte Fotografin Inge Morrat. Sie strebt danach, fremde Länder und Kulturen aus dem Blickwinkel der dort verwurzelten Menschen auf Zelluloid zu bannen. Aus diesem Grund lernt sie die Sprache der Einheimischen, begibt sich auf die selbe kulturelle Ebene der jeweiligen Gesellschaft, in der sie fotografiert. Inge Morrat beherrscht neben den gängigen Fremdsprachen auch Russisch und Mandarin.

Was spricht aus SUBCULTURAL?

Weidmannsheil und Weidmannsdank ist eine verbale Gruß-formel innerhalb der Jägerschaft, die noch durch das Reichen der linken Hand unterstrichen wird.
Give me five ist eine ursprünglich unter Afroamerikanern ausgeübte kumpelhafte Begrüßungsgeste, die später von Sportlern als Anerkennungszeichen für einen gelungene Treffer übernommen wurde. (Entspricht dem »Schlag ein« in unseren Breiten.)
Einen Diener machen bedeutet eine besondere Höflichkeitsbezeugung innerhalb der Wiener Gesellschaft.
Servus als wörtlich genommene Grußformel heißt nichts anderes als »Ich bin dein Diener«.

»Down by Law« (USA, 1986):
John (John Lurie) und Zach (Tom Waits) sind im Orleans
Parish Prison eingesperrt. John brüllt aus seiner Zelle nach
dem Gefängniswärter. Niemand kommt. Sein Zellengenos-
se Zach versucht eine erste Kontaktaufnahme mit ihm, er
spricht John an. John, ein Kleinganove und zum erstenmal
hinter Gittern, spielt den Unschuldigen und will sich den in
seinen Augen gesellschaftlichen »Abschaum« vom Leib hal-
ten. Er gibt Zach zu verstehen, daß dieser für ihn nicht exi-
stiere. Zach, durch Johns Verhalten einigermaßen frustiert,
setzt sich auf die Pritsche und versucht, John die Realität
der Situation vor Augen zu führen. Auch er, Zach, sei
unschuldig hierher gekommen. Im Laufe ihrer Zellenge-
meinschaft erkennen die beiden an ihrem Verhalten und
ihrer Sprache, daß sie dem selben Milieu entstammen.

Quelle und Verlauf

Bei SUBCULTURAL geht es um die Identifikation mit einer
sozialen Gruppe, die außerhalb der allgemein gebräuch-
lichen Hochkultur liegt . Das ist deshalb wesentlich, weil die
soziale Identität Teil des Selbstbildes ist.
In Jugendkulturen gewinnt dieses Phänomen verstärkt an
Bedeutung (hier sei an die diversen »Streetstyles« erinnert). Die spezifische Gruppenzugehörigkeit drückt sich
dabei in Grußritualen aus, in »trendigen« Vokabeln, Klei-
dungsfarben oder in einem spezifischen Verhaltenskodex.
In SUBCULTURAL kommt dem sprachlichen Ausdruck
(Vokabular und Klangfarbe) die Hauptbedeutung zu.
Das ist nicht weiter verwunderlich, wenn man bedenkt, daß
die Sprache das Weltbild sowohl des einzelnen als auch
einer Nation zu formen vermag und daß die Sprache durch
den Lebensraum bestimmt ist. Geisteshaltung und Sprach-
gestaltung eines Volkes korrelieren unmittelbar miteinander. So kennen beispielsweise die Eskimos für »Schnee«
eine ganze Reihe von Begriffen, während, der untergeord- | **191**

neten Bedeutung für die Azteken entsprechend, diese nur das Wort »kalt« in ihrem Sprachschatz haben. Die Sprache einer Gemeinschaft zu erwerben beinhaltet auch, die wahrnehmungsmäßigen Unterschiede zu übernehmen, die in dieser Gemeinschaft getroffen werden. Um z. B. das deutsche Wort »Schnee« zu erlernen, muß man »Schnee« von »Erde« und »Gras« unterscheiden können, aber auch nassen von pulvrigem und fallendem Schnee.

Die Sprache ist nicht nur Symbolinstrument, sondern formt auch die Lebensanschauung. Nicht umsonst lehrt man Kinder »anständig« zu sprechen.

Sprache und Gebärdensprache gehören eng zusammen, wobei vor allem auf kulturelle Unterschiede zu achten ist. Ein hochgestreckter Daumen bedeutet zumeist in Europa ein Siegeszeichen, wie: »Ich bin der/die Erste.« In Griechenland hingegen hat diese Geste beleidigenden Charakter, was zu unliebsamen Verwirrungen führen kann.

Die kulturellen (Körper-)Sprachunterschiede haben für die internationale Filmwirtschaft wesentliche Bedeutung. Es entwickelt sich ein Trend, von einem Streifen jeweils unterschiedliche, kulturell abgestimmte Versionen zu produzieren, um die überregionale Verständlichkeit zu verbessern.

Interessant ist »die Verschiebung der Zeichen«, wie es Semiotiker nennen würden, in bezug auf moderne Trachtenmode und Musik. Traditionelle Elemente der Volksmusik, wie z. B. der Klang einer Ziehharmonika, werden aufgenommen und innerhalb der Popmusik in einem neuen Zusammenhang wieder eingesetzt. Der »Alpenrap« oder das Musical »Watzmann« liefern dafür anschauliche Beispiele.

Typische VertreterInnen

Hubert von Goisern, Herbert Achternbusch, Sepp Forcher, Anna Wimscheider

Entspricht mein innerer Antrieb diesem WAY TO ACT?

Sie fühlen sich diesem WAY TO ACT zugehörig, wenn Sie aus einem Umfeld stammen, das sich mit ganz spezifischen Vokabeln, lokal geprägten Ausdrücken und sozialen Ritualen ein bestimmtes Identifikationsmuster geschaffen hat. Sie sind stolz auf Ihre Zugehörigkeit und bringen Ihren Mitmenschen gegenüber Ihre Herkunft gerne zum Ausdruck.

Die Stärken dieses WAY TO ACT

SUBCULTURAL ist die richtige Strategie zur Identifikation mit dem eigenen sozialen Umfeld. Die spezifischen Verhaltensmuster der eigenen Kultur werden herausgestellt anstatt sie zu verleugnen. Geistige Werte werden bewahrt und sind die Basis der eigenen Persönlichkeit.
Man/frau spricht die Sprache des eigenen Volkes und kann sich gegenüber der Hochkultur abgrenzen.

Das Training zur Umsetzung dieses WAY TO ACT

Hören Sie genau auf die Sprache Ihrer Kultur und insbesondere auf verschiedene Umgangswörter. Finden Sie heraus, welchen ursächlichen Zusammenhang bzw. Ursprung die verwendeten Wörter haben, und setzten Sie sie in diesem Sinn bewußt ein.

Wo spiele ich diesen WAY TO ACT erfolgreich aus?

Durch Stilisierung des spezifischen Verhaltenskodex wird nicht nur die soziale Identität der Gruppe gefestigt, sondern auch als Kulturgut in alle Welt verbreitet.

Nachvollziehen läßt sich dieser WAY TO ACT in einem Phänomen der Unterhaltungsindustrie. Vor einigen Jahren wurde im Bereich der Unterhaltungsmusik in Österreich ein einzigartiger Boom ausgelöst. Ganz im Gegensatz zur volkstümlichen Musik, die sich von ihren Wurzeln entfernt hatte und als Teil der herkömmlichen Schlagermusik aufgesogen wurde, entstand der sogenannte »Ethno Rock«. Interpreten wie »Hubert von Goisern und seine original Alpinkatzen« besannen sich auf urtümliche Klänge, sprachliche Lautmalereien, Originalinstrumente und stürmten mit Liedern in deftiger Dialektsprache die Hitparaden.

Wenn SUBCULTURAL übertrieben wird

Die extreme Auslegung von SUBCULTURAL kann bis zum Nationalismus mit all seinen negativen Auswirkungen führen.

Das Ausgrenzen von anderen Gruppen mündet in elitärem Gehabe. Man/frau fühlt sich unverstanden, zieht sich in den eigenen Mikrokosmos zurück und benimmt sich für Nichtzugehörige unverständlich.

Positives Erleben

Akzeptieren von anderen Gruppierungen auch fernab des Mainstream, traditionsbewußt leben, bodenständig, alteingesessen, heimatverbunden, familienzugehörig.

Negatives Erleben

Mißtrauisch gegenüber Fremden und Fremdem (xenophobisch), hinterwäldlerisch, feindselig, Clan-Dünkel entwickelnd, fremdenfeindlich, Sippenhaftung, in Traditionen erstarrt.

Wer mit wem?

SUBCULTURAL schätzt vor allem die Aufgeschlossenheit von HOMO LUDENS.
Zu unterschiedliche Wertigkeiten hingegen behindern das Zusammenleben mit DRESSING UP GAME. Dieser WAY TO ACT ordnet sich u. U. zu sehr sozialen Zwängen unter und vergißt dabei oft die eigenen Wurzeln.

Behaviouristics
oder die Kunst, sich einzufügen

Ein Slum-Viertel in der Nähe einer südamerikanischen Metropole. Hannes, ein Priester aus Österreich, hat sein Leben und Wirken in den Dienst der dort lebenden Menschen gestellt. Er findet großen Anklang in seiner Gemeinde, da er mitten unter den Bewohnern des Armenviertels lebt und ihren Lebensstil angenommen hat. Seine Botschaft wirkt dadurch um so glaubhafter.
Einen Teil des Jahres verbringt Hannes jedoch im Vatikan. Dort, unter höchsten kirchlichen Würdenträgern, bewegt er sich genauso sicher wie in seiner südamerikanischen Gemeinde. Ebenso sicher tritt er aber auch bei diversen Wirtschaftskongressen auf, wo er für mehr Verständnis und für den Kampf gegen die Verschuldung Dritter-Welt-Länder eintritt.

Was spricht aus BEHAVIOURISTICS?

Wer *wie ein Kutscher sitzt,* hat sich bequem auf einer Bank niedergelassen und stützt sich mit den Ellenbogen auf die Knie. Kein Blatt vor den Mund nimmt derjenige, der *wie ein Marktweib schimpft.* Wer *breitbeinig wie ein Cowboy* auftritt, verbreitet Ungebundenheit und den Eindruck von Freiheit um sich. Sich im richtigen Winkel zu verneigen führt zu einer *Verbeugung wie ein Herr.* Frau hingegen *sitzt wie eine Dame,* wenn sie gesittet die Knie geschlossen hält.

»Asphaltcowboy« (USA, 1969):
Ratso Rizzo (Dustin Hoffman) hinkt an der Seite seines
Freundes Joe Buck (John Voight) durch die Straßen New
Yorks. Er will ihm die Möglichkeiten eines Gigolos schmack-
haft machen und sich dabei selbst als einflußreicher Ver-
mittler ins Geschäft bringen. Trotz seines körperlichen
Gebrechens und seiner heruntergekommenen Kleidung
zeigt er Überlegenheit und Autorität. Als er beim Überque-
ren einer Straße beinahe von einem Taxi überfahren wird,
beginnt er wild auf den Fahrer zu schimpfen und attackiert
ihn beinahe. Obwohl er den Unfall selbst provozierte,
strotzt er vor Überzeugung, im Recht zu sein. Mit der Selbst-
sicherheit eines Unternehmers wägt er Investitions- und
Gewinnmöglichkeiten ab und zieht dabei raffiniert seinem
Freund das Geld aus der Tasche.

Quelle und Verlauf

Dieser WAY TO ACT basiert auf den »Soll-, Kann- und Muß-
Erwartungen« von sozialen Rollen wie sie etwa Rolf Dahrendorf beschreibt. Damit sind bestimmte Aufgaben gemeint,
deren Erfüllung mehr oder weniger verbindlich vom Rollen-
träger erwartet werden. So wird beispielsweise von jemandem in einer Organisation erwartet, daß sie/er ein Amt
übernimmt oder, als Mindestanspruch, wenigstens gelegentlich an gemeinsamen Zusammenkünften teilnimmt.
Werden nicht einmal diese »Mußerwartungen« erfüllt, hat
der/die RollenträgerIn mit Sanktionen wie dem Ausschluß
aus der Gruppe zu rechnen.
In BEHAVIOURISTICS werden diese Regeln ganz bewußt
benützt, um die Vielfalt sozialer Rollen ins eigene Verhalten zu integrieren und auszuleben. Man/frau entscheidet
sich dann für dieses oder jenes gesellschaftliche Rollen-
muster.
Es ist das Prinzip von »Prinz und Bettelknabe«, das sozusagen den Gebrauchswert dieses WAY TO ACT ausmacht. Der
Reiz liegt darin, auszuprobieren, wie es einem in dieser

oder jener Rolle geht, wie man sich als »Prinz« und gleich darauf als »Bettelknabe« fühlt. Dabei geht es nicht darum, soziale Klischées anzunehmen, sondern darum, genau zu beobachten und die notwendigen sozialen Codes in das eigene Verhaltensschema einzupassen, also um das Ausprobieren des eigenen Verhaltensmusters innerhalb einer sozialen Rolle.

Wie bin ich in dieser Rolle, wie ist dabei meine Befindlichkeit? Rollenerwartung und eigene Befindlichkeit werden zusammengefügt, wobei die Cues der Individualebene deutlich sichtbar bleiben.

BEHAVIOURISTICS bewährt sich dann, wenn es darum geht, eine Doppelfunktion oder Doppelrolle zufriedenstellend auszuführen.

Typische VertreterInnen

Faye Dunaway, Gerard Départieu, Meryl Streep, Kevin Kostner

Entspricht mein innerer Antrieb diesem WAY TO ACT?

BEHAVIOURISTICS entspricht Ihrem inneren Antrieb, wenn es Ihnen leichtfällt, die Verhaltenweisen verschiedenster sozialer Kreise anzunehmen und erfolgreich auszuspielen. Sie fügen sich leicht in verschiedene Umfelder ein und verstehen es, sich darin zu bewegen. Sie haben ein offenes Ohr und Auge für die unterschiedlichsten Lebensformen bzw. Lebensbedingungen.

Die Stärken dieses WAY TO ACT

Das, was DRESSING UP GAME mit Kleidung oder Kostümen erreicht, bewirkt BEHAVIOURISTICS mit Verhaltens- bzw. Umgangsformen. In diesem WAY TO ACT können Sie aufgrund Ihres Verhaltens überall dazugehören. Sie fühlen sich in allen sozialen Rollen zu Hause und eignen sich deren Verhaltensmuster an, ohne die eigene Individualität zu verlieren. Sie entsprechen stets den gesellschaftlichen Verhaltenserwartungen und können so die unterschiedlichsten Positionen innerhalb eines Sozialgefüges einnehmen.

Das Training zur Umsetzung dieses WAY TO ACT

Besuchen Sie unterschiedliche Freizeitclubs. Dort können Sie im kleinen Rahmen konzentriert soziales Verhalten beobachten. Gehen Sie auch in verschiedene Speiselokale, vom Luxusrestaurant über das einfache Gasthaus bis zu Undergroundlokalen. Gehen Sie in ein Bürohaus und beobachten Sie dort die arbeitenden Menschen. Raten Sie, wer wer ist und warum.

Wo spiele ich diesen WAY TO ACT erfolgreich aus?

BEHAVIOURISTICS ist überall dort gut eingesetzt, wo soziale Intelligenz erforderlich ist und das Aneignen unterschiedlicher Verhaltensweisen den Erfolg in der eigenen sozialen Umgebung fördert.
Ein gutes Beispiel dafür ist der bekannte österreichische Soziologe Roland Girtler. Er wurde mit seinen Studien über das Verhalten sozialer Randgruppen bekannt. Er hat sich die Lebensweise seiner »Studienobjekte« angeeignet, deren Sprache und Verhalten angenommen, um sie später

zu analysieren. So wurde er von ehemaligen Häftlingen und kleinen Ganoven soweit akzeptiert, daß er bei ihnen perfekte Feldforschung betreiben konnte. Wieder zurück im Hochschulbetrieb konnte er seine Stellung als Wissenschaftler festigen und als solcher auch bei diversen Diskussionsveranstaltungen auftreten.

Wenn BEHAVIOURISTICS übertrieben wird

Das übersteigerte Interesse an fremden Sozialgefügen kann zum Sozialtourismus in Elendsviertel führen, wo frau/man sich einen wohligen Schauer über den Rücken rieseln läßt, ohne wirklich Anteil zu nehmen. Ebenso abzulehnen ist die Sozialromantik, in der ein selbstgewähltes Elend hochstilisiert wird.
Das Negieren der eigenen Herkunft und des Ist-Zustandes führt zu Hochstapelei. Man/frau gibt sich als etwas »Besseres« aus, um Eindruck zu schinden oder einen bestimmten Zweck zu verfolgen.

Positives Erleben

Anpassungsfähig, sozial aufgeschlossen, gesellschaftlich gewandt.

Negatives Erleben

Hochstapelei, Dünkelhaftigkeit, Gesellschaftstiger- oder löwin als Lebenszweck, SozialromantikerIn.

Wer mit wem?

Als überaus ideal erweist sich die Partnerschaft zwischen BEHAVIOURISTICS und DRESSING UP GAME. Für beide ist es wichtig, eine bestimmte Strategie anzuwenden, um sich in verschiedenen sozialen Umgebungen bewähren zu können.

Zu Problemen kann es mit dem LEAD HEAVY-Typ kommen, weil dieser in den Augen des BEHAVIOURISTICS immer eine Führungsposition für sich beansprucht.

VI
Antagonistische Strategien

Hier geht es um die Gratwanderung zwischen Selbstkontrolle und Hemmungslosigkeit. Das äußert sich vor allem durch widersprüchliche Signale. In diesen WAYS TO ACT pendelt das Verhalten zwischen Leidenschaft und Frostigkeit, wie bei LADYLIKE. Oder zwischen herausforderndem Lächeln und aggressivem Zubeißen, wie bei KILLER SMILE.

Mit Hilfe der Antagonistischen Strategien läßt sich ständig eine gewisse Spannung in der Kommunikation aufrechterhalten. Sie führt aber auch zu einem Gleichgewicht und einer Ausgeglichenheit, ohne Langeweile zu erzeugen, wie es bei GENTLEMANLIKE zum Ausdruck kommt.

Killer Smile
oder die Kunst,
gefährlich-freundlich zu sein

Im Radiostudio des österreichischen Rundfunks im März 1994. Intendant Johannes Kunz und RTL-Chef Gerhard Zeiler bewerben sich um den Posten des Generalintendanten des ORF. Sie treffen sich zu einer Radiokonfrontation, in der sie ihre unterschiedlichen Konzepte, wie sie das mächtigste Medienunternehmen Österreichs zu führen gedenken, präsentieren wollen.
Am nächsten Tag erscheint in der Zeitung ein Foto, in der die beiden händeschüttelnd gezeigt werden. Als Kommentar zum Foto wird aber nicht die freundliche Geste sondern das im Gesicht festgeschriebene »Bißlachen« hervorgehoben: Ein Lächeln, bei dem gleichzeitig »die Zähne gezeigt werden«.

Was spricht aus KILLER SMILE?

Jemandem die Zähne zu zeigen entspricht, Angriffslust hinter einer freundlichen Fassade zu verbergen. Mit *Profilächeln alles abzublocken* bedeutet, jemanden *niederzugrinsen*. Wer *mörderischen Charme entwickelt*, läßt den anderen im Unklaren, woran er ist.

»Shining« (USA, 1979):
Jack Torrance (Jack Nicholson) geht durch die leere Hotelhalle ins Hotelrestaurant. Er knipst das Licht an, schreitet zur Bar und setzt sich auf einen Hocker. »Was gäbe ich nur für einen Drink...« sind die Worte, mit denen er sein

Gesicht in den Händen vergräbt. Als er wieder aufblickt, zeigt er ein breites Wolfsgrinsen: Vor ihm steht der Barkeeper Lloyd. Natürlich ist Lloyd nur ein Phantasiegebilde Jacks, dessen Wahnsinn sich immer mehr abzeichnet. Mit gefährlicher Freundlichkeit begrüßt er sein Gegenüber und bestellt eine Flasche Whiskey. Aus seiner Fratze blitzen die Augen, er fletscht die Zähne und läßt ein irres Lachen los. Trotzdem schäkert er mit dem Barkeeper, bittet herausfordernd um Kredit und versucht, Lloyd mit überschwenglichem Lob zu provozieren.

Quelle und Verlauf

In diesem WAY TO ACT läßt man den »wilden Mann« (Frau) zum Vorschein kommen. Als Motto könnte der Slogan »Frechheit siegt« gelten, solange das Verhalten mit einem Augenzwinkern versehen ist. Dennoch wird in KILLER SMILE deutliche Angriffslust, z. B. durch zähnebleckendes Grinsen, signalisiert. Es ist das Spiel der Herausforderung, das hier den Reiz ausmacht. Die Aussendung mehrdeutiger Stimuli schafft den Genuß, hin- und hergerissen zu sein zwischen Anziehung und Abstoßung.

In diesem WAY TO ACT können Aggression und Sexualität als Gegensatzpaar archaisch unverholen offengelegt werden. Der psychologische Hintergrund dieses Verhaltensmusters ist bei Bruno Bettelheim zu finden. Seiner Ansicht nach sind Lust und Angst in der Kindheit als gepaart anzusehen, weil Kinder sexuelle Erregung mit Gewalttätigkeit gleichsetzen, woraus eine »tödliche Faszination« entsteht. Sexualität wird gleichzeitig als höchste Erregung und höchste Angst erlebt.

Typische VertreterInnen

Jack Nicholson, Ray Liotta, Grace Jones, John Malkovic

Entspricht mein innerer Antrieb diesem WAY TO ACT?

KILLER SMILE ist Ihr WAY TO ACT, wenn Sie stets mit Hilfe Ihres Gesichtsausdruckes Gefühle verbergen oder Ihrem Gegenüber signalisieren, sich besser in acht zu nehmen.
Ihr Lächeln soll nicht Freundlichkeit hervorrufen, sondern Ihre Autorität unterstreichen.

Die Stärken dieses WAY TO ACT

KILLER SMILE kann besonders erfolgreich in intellektuellen Auseinandersetzungen eingesetzt werden, bei denen es weniger auf Emotionen als um sachliche Argumente geht.
Das Zeigen von Antipathien wird dabei vermieden, die Konfrontation findet auf rein professioneller Ebene statt.
Das bewährt sich auch in vielen Dienstleistungsberufen, in denen der Umgang mit den Menschen stets höflich, aber bestimmt zu erfolgen hat.

Das Training zur Umsetzung dieses WAY TO ACT

Veranstalten Sie eine Diskussionsrunde zu einem brisanten Thema, und laden Sie die unterschiedlichsten Gäste ein. Ihre Aufgabe ist es, Ihre Autorität als DiskussionsleiterIn stets mit einem Lächeln zu bewahren. Üben Sie Ihre Macht aus, ohne jemanden zu unterdrücken, locken Sie die Diskussionsteilnehmer aus der Reserve, bringen Sie jemanden zur Räson – lächelnd, ohne ausfallend zu werden.

Wo spiele ich diesen WAY TO ACT erfolgreich aus?

KILLER SMILE läßt sich überall dort erfolgreich einsetzen, wo Freundlichkeit und zuvorkommendes Verhalten gefragt ist, bei gleichzeitigem Abstecken fester Grenzen.

Marcel, 28, hat trotz seiner jungen Jahre bereits eine erstaunliche Karriere in der Hotelbranche hinter sich. Mit seiner stets gleichbleibenden Höflichkeit, die ihn auch Streßsituationen lächelnd meistern ließ, schaffte er es vom Liftboy zum Empfangschef.

In dieser Position ist er besonders gut eingesetzt. Dort hat er es mit den unterschiedlichsten Gästen zu tun, die oft ihren Launen freien Lauf lassen und trotzdem stets zuvorkommend bedient werden wollen. Marcel schafft es, sowohl Prominente als auch aufdringliche Journalisten, verrückte Stars wie auch deren Fanclubs im Zaum zu halten und mit einem Lächeln in die Schranken zu weisen. Keiner der Gäste hat sich je beschwert, im Gegenteil, sie fühlen sich in diesem Hotel besonders gut aufgehoben.

Wenn KILLER SMILE übertrieben wird

In der Übertreibungsform führt KILLER SMILE zu einer falschen Freundlichkeit, die die Schwächen des Gegenübers ausnützt. Man/frau will mit dieser Art von Lächeln jemanden einschüchtern und in die Falle locken. Hier werden einseitige Machtspiele inszeniert, die den Genuß aus der Unterwerfung beziehen.

Positives Erleben

Jemanden motivieren, charmant sein, Spannung erzeugen.

Negatives Erleben

Frech, provokant, jemanden aufziehen, reizen, »Ihr könnt mich alle gern haben«-Stimmung, lauernd; Machtmißbrauch hinter einer Maske der Freundlichkeit verstecken.

Wer mit wem?

Gerade wegen des Unterschieds zu BEAUTY & BEAU ergeben sich interessante Momente in der Beziehung mit KILLER SMILE. Während KILLER SMILE auf sein ambivalentes Spiel zwischen Macht und Lust besteht, findet sich bei BEAUTY & BEAU die Bereitschaft zum Nachgeben.
Ungeduldig hingegen reagiert LIFELIKE. Hier steht die große Bandbreite des Ausdrucks der Einförmigkeit des KILLER SMILE gegenüber.

Lady- & Gentlemanlike
oder die Kunst, erhaben zu sein

Gutes Benehmen ist wieder en vogue. Unübertroffen in Fragen der Etikette und der Diskretion sind die englischen Butler. Für geraume Zeit aus der Mode gekommen, erlebt diese Profession nun seit einigen Jahren einen neuen Aufschwung. Vor allem amerikanische Millionäre entdecken die Vorteile eines stets die Kontenance bewahrenden Dieners, der darüber hinaus Bildung, Charme und absolute Verschwiegenheit besitzt.

Um ihren Aufgaben auf allen Ebenen gerecht zu werden, genießen die Butler eine universelle Ausbildung in speziellen Schulen auf der britischen Insel. Nach dem Abschluß sind sie in der Lage, ihrer »Herrschaft« ein Vorbild an gutem Benehmen, in Allgemeinbildung und Taktgefühl zu sein.

Was spricht aus LADY- & GENTLEMANLIKE?

Jemandem kalt-warm geben ist das Spiel mit Aufforderung und Zurückweisung. Die *kalte Schulter zeigen* hingegen bedeutet, sich von jemandem abzuwenden. Wer *Stil hat*, kann sich einfach gut benehmen. *Sich zieren* ist eine kokette Ablehnung mit dem gleichzeitigen Signal, doch zu wollen. Eine echte Lady ist am *graziösen Gang* zu erkennen.

»Subway« (F, 1984):
Helena (Isabelle Adjani) schreitet in einem eleganten Abendkleid und mit auffallendem Schmuck behangen die Treppe einer Subway-Station hinab. Mit der einen Hand hält

sie den gerafften Volant ihres Kleides, in der anderen Hand trägt sie einen schwarzen Aktenkoffer. Am Fuß der Treppe erwartet sie Fred (Christophe Lambert). Von ihrer Erscheinung beeindruckt, richtet er reflexartig sein Smokingmascherl gerade. Helena geht aber, ohne ihn eines Blickes zu würdigen, an ihm vorbei und setzt sich auf eine der Wartebänke in der Station. Während der folgenden Verhandlung um den Austausch von Geld gegen gestohlene Papiere richtet Helena ihren stolzen Blick stets kühl und zurückhaltend auf Fred. Nur einmal, als Fred ihr Kleid und ihren Schmuck bewundert, blickt sie beinahe kokett zu Boden. Kurz vor dem Abschied stehen sich die beiden noch einmal ganz nahe gegenüber, Helenas Sympathie für Fred ist deutlich zu spüren. Trotzdem wendet sie sich schroff um und beteuert, ihn nicht mehr sehen zu wollen.

Quelle und Verlauf

In LADY- & GENTLEMANLIKE konzentrieren sich die Umgangsformen des »guten Tons«. Es sind dies soziale Verhaltensmuster, die, vorwiegend von einer bürgerlichen Gesellschaftsschicht geprägt und gelebt, durch Werte wie Höflichkeit, Zuvorkommen und Zurückhaltung ein gutes Auskommen miteinander gewährleisten sollen.

Nachschlagen konnte und kann man diese Regeln in sogenannten Benimmbüchern, wobei über einen langen Zeitraum der »Knigge« und der »Elmayer« als verbindlich für gutes Benehmen angesehen wurden.

Ein Gentleman zu sein heißt aber mehr, als nur einen vornehm-zurückhaltenden Stil zu pflegen. »Gentle« zu sein bedeutet großherzige Sanftmut zur Lebensphilosophie zu erheben. Ähnliches gilt für LADYLIKE, wenngleich durch das Jonglieren mit Impulsen der Leidenschaft hinter einer Fassade rationaler Kühle eine zusätzliche Facette in diesen WAY TO ACT eingebracht wird. Durch diesen Double-Bind-Effekt wird eine affektive Spannung aufrechterhalten, ohne daß in eine Richtung nachgegeben wird.

Typische VertreterInnen

Catherine Deneuve, Edith Klestil, Cary Grant, David Niven

Entspricht mein innerer Antrieb diesem WAY TO ACT?

Wenn Sie von Natur aus eine feine Art mitbringen, Sie sich von deftigen und groben Äußerungen abgestoßen fühlen, dann bringen Sie die besten Voraussetzungen für diesen WAY TO ACT mit.
Sie können auf Schnappschüsse verzichten, die andere lächerlich machen, und beweisen im Umgang mit den Menschen Takt und Anstand.

Die Stärken dieses WAY TO ACT

In diesem WAY TO ACT gelingt es, in jeder Situation die Ruhe zu bewahren. Man/frau läßt sich nicht durch äußere Umstände irritieren, sondern behält den Überblick und vermittelt dadurch Sicherheit und Ordnung.
Der klassische Gentleman und die Lady halten irritierende Leidenschaften im Zaum und lassen sich in keinerlei Auseinandersetzungen involvieren.

Das Training zur Umsetzung dieses WAY TO ACT

Gehen Sie mit Kontenance über Situationen hinweg, die aufgrund menschlicher Unzulänglichkeiten und Schwächen entstanden sind. Sehen und hören Sie über Grobheiten hinweg, und lassen Sie sich in keinerlei Querelen hineinziehen.
Verfeinern Sie Ihre Manieren und gesellschaftlichen

Umgangsformen, und beachten Sie stets die Gebote der Höflichkeit.

Wo spiele ich diesen WAY TO ACT erfolgreich aus?

Dieser WAY TO ACT kann in allen Dienstleistungsberufen erfolgreich angewendet werden, bei denen es neben dem persönlichen Service auch auf Stil und Atmosphäre ankommt.

Ihr LADYLIKE ideal umgesetzt hat Monika, 43, Boutiquen-Besitzerin in Salzburg. Sie konnte sich gegen die Konkurrenz behaupten, da Sie Ihren Kundinnen nicht nur erstklassige Mode anbietet, sondern auch fundierte Branchenkenntnisse. Ihr besonderes Erfolgsgeheimnis ist aber der Umgang mit ihren anspruchsvollen Kundinnen. Obwohl ihr persönlich nicht jede der Käuferinnen gleichermaßen zusagt, so gibt sie doch jeder einzelnen das Gefühl, etwas Besonderes zu sein und daher auch etwas Besonderes zu verdienen.

Wenn LADY- & GENTLEMANLIKE übertrieben wird

Zu übertrieben ausgelegt, führt dieser WAY TO ACT zu unterwürfigem Verhalten und »hündischer« Servilität.

Genauso können Höflichkeitsrituale übertrieben werden und dadurch zur reinen Farce werden. Sie wirken aufgesetzt und letztlich auch unangebracht.

Positives Erleben

Höflich, zuvorkommend, zurückhaltend, tolerant, würdevoll.

Negatives Erleben

Geziert, »etepetete«, arrogant, herablassend, taktlos, unterwürfig.

Wer mit wem?

Große Übereinstimmung herrscht zwischen LADY- & GENT-LEMANLIKE und MALE & FEMALE POWER. Beide können sich im sozialen Gefüge mit Eleganz bewegen.
Die Sinnlichkeit des OVERSEXED-Typus hingegen wäre für eine Beziehung hinderlich. OVERSEXED kümmert sich wenig um gesellschaftliche Etiketten und Benimmregeln.

VII
Strategien der Individualisierung

Im Mittelpunkt dieser Strategien steht, die Individualität nicht durch Bekleidungscodes zur Geltung zu bringen, sondern durch soziologisch festgelegte Verhaltensregeln. Dies gelingt durch leise Töne, wie beim MICROACTING, die zu genauem Hinhören zwingen, oder durch Veränderungen, wie bei METAMORPHOSIS, die bis in die tiefsten Persönlichkeitsstrukturen reichen. Weitere Möglichkeiten bieten kommunikative Zeichen, die unverkennbar nur zu dieser einen Person gehören, wie im LIFELIKE oder schrankenloses Ausleben der eigenen Empfindungen, wie im INSIDE OUT. Es geht dann um Maßlosigkeit in der emotionalen (Selbst-)Offenbarung, weit über die gesellschaftliche Norm hinaus, wodurch katharsische Intensität erzeugt wird.

Microacting
oder die Kunst,
sich zurückzunehmen

Eine Universitätsdozentin betritt einen überfüllten Hörsaal.
Es herrscht allgemeine Unruhe im Saal, die StudentInnen
suchen die letzten Plätze auf, blättern in ihren Scripten und
sind gedanklich noch nicht bei der Sache. Sobald die
Dozentin das Rednerpult erreicht hat, wartet sie kurz und
schaut in die Zuhörerschaft. Es wird etwas ruhiger im Publikum. Aber erst als sie ganz leise zu sprechen beginnt, hat
sie die volle Aufmerksamkeit der StudentInnen.

Was spricht aus MICROACTING?

So wie es jemandem *die Sprache verschlägt*, hüllt man/frau
sich in MICROACTING in beredtes Schweigen. Auffallend-
stes Merkmal ist die *Wortkargheit*. Man/frau setzt ein
Pokerface auf und verzieht keine Miene. Er/sie verharrt in
einer bestimmten Stellung oder bleibt *wie angewurzelt stehen*. Eine extrem verlangsamte Reaktionsgeschwindigkeit
wird als »*play it cool*« bezeichnet.

»Paris, Texas« (USA, 1984):
Eine unwirtliche Steppenlandschaft im Südwesten der USA.
Durch die trockene und vom Wind geformte Landschaft
stapft in abgewetztem Anzug Travis (Harry Dean Stanton).
Als wäre er selbst Teil dieser monotonen Dürre, hebt sich
nur seine rote Schirmmütze bizarr davon ab. Wie auf Schie-
nen marschiert er, scheinbar aus dem Nichts kommend,
ohne Ziel dahin. Auf der einzigen Asphaltstraße, die die

Landschaft durchschneidet, taucht plötzlich ein Auto auf. Es hält, und aus dem blauen Ford steigt sein Bruder Will (Dean Stockwell). Travis behält seinen gleichförmigen Schritt bei. Will ruft ihm erstaunt seinen Namen nach. Travis bleibt stehen. Als hätte er seinen Namen von weit her gehört, dringt die Anwesenheit des Bruders erst langsam in sein Bewußtsein. Will steht ratlos einem ausdruckslosen Gesicht gegenüber, das scheinbar nur aus einem Bart und einem in die Ferne blickenden Augenpaar zu bestehen scheint.

Er ruft noch einmal Travis' Namen. Man hört nichts als das Pfeifen des Windes in den Gräsern. Nach endlosen Sekunden spricht Will seinen Bruder noch einmal an: »Du siehst aus, als hättest du Texas zu Fuß durchquert.« Wieder scheinbar minutenlanges Schweigen. Schließlich öffnet Will die Beifahrertür und schiebt seinen Bruder mit sanfter Gewalt ins Auto. Der Ford fährt los und verschwindet am Horizont.

Quelle und Verlauf

Dieser WAY TO ACT entspricht den Lebensweisheiten »Stille Wasser sind tief« oder »Reden ist Silber, Schweigen ist Gold«. Nirgends findet sich MICROACTING so konzentriert wie im Western-Genre. Es ist der Stil des »Underplaying«, der quälenden Langsamkeit und nicht enden wollenden Schweigsamkeit, die die Atmosphäre der Filme Sergio Leones ausmachen.

Offensichtlich haben sich aus der Notwendigkeit, im wilden Westen schneller zu schießen als zu reden, diese beiden Fähigkeiten auch so entwickelt. Der schweigsame Henry Fonda in »Mein Name ist Nobody«, dem kein Wort zuviel über die Lippen kommt und der sich zu keiner unbedachten Reaktion hinreißen läßt, mit dem Schießeisen aber präzise und wirksam umgeht, ist nur eines von vielen Beispielen.

Im Alltag befinden wir uns im MICROACTING, wenn die Reduktion von Information, in diesem Fall der Entzug von kommunikativen Zeichen, als Mittel eingesetzt wird, um die

Aufmerksamkeit des Gegenübers zu erhöhen. Findet der Rezipient nicht genügend Cues, erhöht sich seine Aufmerksamkeit automatisch, um mehr Information in der Gesprächssituation zu finden.

Typische VertreterInnen

Clint Eastwood, Robert Duvall, Henry Fonda, Anjelica Houston

Entspricht mein innerer Antrieb diesem WAY TO ACT?

Sie finden sich in MICROACTING wieder, wenn Sie eher ein introvertierter ruhiger Typus sind, aber durchaus über eine reiche innere Empfindungswelt verfügen. Ihnen geht auch nicht der Mund über, wenn das Herz voll ist. Sie neigen dazu, keine großen Worte zu machen.

Die Stärken dieses WAY TO ACT

Mit diesem WAY TO ACT bekommen Sie Aufmerksamkeit, ohne sie lautstark einzufordern. Sie erzielen denselben Effekt, aber sparen dabei Ihre innere Energie, ohne teilnahmslos zu wirken. Sie können ein Gespräch mit Nuancierungen anreichern. Außerdem lassen sich mit dem MICROACTING komplizierte Zusammenhänge darstellen, weil sich Ihr Gegenüber intensiv um Verstehen bemühen muß.

Das Training zur Umsetzung dieses WAY TO ACT

Erzählen Sie jemandem in ihrer Umgebung oder sich selbst vor dem Spiegel eine Geschichte, die Ihnen am Herzen liegt. Versuchen Sie, (emotionale) Intensität zu erreichen, indem Sie so bedächtig und nuanciert erzählen (mit Pausen, im Tempo, in der Wortwahl), als würden Sie jedes einzelne Wort auf die Goldwaage legen.

Wo spiele ich diesen WAY TO ACT erfolgreich aus?

In den Bereichen, in denen der Inhalt mehr zählt als die äußere Form, ist MICROACTING angebracht. Besonders bei der Erklärung komplizierter Inhalte erzielen Sie eine bessere Aufmerksamkeit.

Gunther, 35, Dipl.Ing., Leiter einer Forschungsabteilung in einem großen Konzern, ist ein zurückhaltender Typ. Bei Präsentationen seiner Arbeiten versuchte er, diese Schüchternheit durch übertriebenen Humor zu überspielen. Damit hatte er wenig Erfolg, blieben doch zumeist nur die scherzhaften Bemerkungen im Gedächtnis seiner Vorgesetzten.

Erst seit er MICROACTING als seinen WAY TO ACT erkannt hat und einsetzt, kann er mit seinen Projekten reüssieren. Er behauptet firmenintern seine Stellung. Sein Forschungsetat wurde sogar erhöht.

Wenn MICROACTING übertrieben wird

Sich völlig zurückzuziehen könnte zu einem Verhalten führen, das wie Affektstarre wirkt. Sich innerlich abzuschotten und der Versuch, nicht mehr zu kommunizieren, könnte als autistische Reaktion gedeutet werden. Eine Übertreibung des MICROACTING ist eine Null-Reaktion; es wirkt, als habe jemand eine Mauer um sich herum gezogen.

Positives Erleben

Leise Töne von sich geben, unaufdringlich sein, zurückhaltend, stoisch, aus der inneren Tiefe schöpfend.

Negatives Erleben

Reaktionslos, dumpf, innerlich leer, fad, abweisend, in sich gefangen sein, ausgebrannt sein.

Wer mit wem?

MICROACTING verträgt sich schlecht mit COMICS PLAYING, das als ungehobelt empfunden wird.
Eine gute Partnerschaft läßt sich mit dem LIFELIKE-Typus eingehen, da dieser selbst die feinen Codes der Individualebene einsetzt und daher die leisen Töne des MICROACTING versteht.

Metamorphosis
oder die Kunst,
sich zu verändern

Ein psychologisches Phänomen der Wohlstandsgesell-
schaft ist die Eßsucht. Wie aus einschlägiger Literatur
bekannt, weisen Eßsüchtige zwei Persönlichkeiten auf: Je
nach ihrem »Leibesumfang« haben sie ein dickes oder dün-
nes Bewußtsein.
Die Phantasie stimmt mit der Wirklichkeit nicht überein. Für
Unterschiede in den Eigenschaften, die sie sich in der jewei-
ligen Phase zuschreiben, gibt es keinen objektiven Grund.
In der »dünnen Phase« halten sich die Betroffenen für
attraktiv, begehrenswert, stellen sich gerne in den Mittel-
punkt und fühlen sich kompetent und selbstbewußt.
In der »dicken Phase« hingegen halten sie sich nicht nur für
unverhältnismäßig unattraktiv, sondern auch für minder-
wertig und unfähig.

Was spricht aus METAMORPHOSIS?

Wer seine Gesichtszüge der Umgebung anpaßt, löst sich
von seiner Individualebene. Dieser *Chamäleoneffekt* kann
bis zum völligen Verschmelzen führen. So zeigen ältere Ehe-
paare nach langen Jahren des Zusammenlebens einen ähnlichen Gesichtsausdruck. Die Körperform oder der Körper-
umfang ändert sich, er kann *aufgeblasen* oder *geschrumpft*
werden. Man/frau wird willkürlich dicker und dünner. *Aus*
der Haut fahren bezeichnet das Reduzieren der Empfin-
dungswahrnehmung über die Haut auf ein Minimum. Der
Körperteil fühlt sich wie abgestorben an.

Körpersignale lassen den psychischen Zustand auch physisch erlebbar machen. Dazu gehört das *Ausbrechen von Angstschweiß* und das *Erröten* aus Zorn oder Scham.

»Wie ein wilder Stier« (USA, 1980):
Jack La Motta (Robert de Niro) ist ein mittelmäßig erfolgreicher Boxer, der vom großen Durchbruch träumt. Großspurig und von sich überzeugt, gibt er die Schuld an seiner neuerlichen Niederlage dem Punktrichter. Den Hader mit der Ungerechtigkeit der Welt läßt er an seiner Frau aus. Er wartet auf sein Steak, weniger des Genusses als der energiespendenden Wirkung wegen. Mit dickem Pflaster auf der Nase sitzt er im Ruderhemd bei Tisch. Als es zum Krach kommt, wirft der gut trainierte Boxer einfach den ganzen Mittagstisch um. Er weiß, daß seine Chance noch kommt, so gut in Form, wie er derzeit ist.
Jahre später. Als er am Pool ein Interview gibt, hat er sich nicht nur eine herzeigbare Familie zugelegt, sondern wiegt auch dreißig Kilo zuviel. Der schwergewichtige Boxer ist wahrlich ein behäbiger Koloß geworden. Jack hat es tatsächlich geschafft. Er ist jetzt Besitzer eines feudalen Nachtclubs. Das Trainingshemd hat er endgültig gegen einen teuren Glitzeranzug ausgetauscht.

Quelle und Verlauf

Beim Schauspielen wird davon gesprochen, daß der Darsteller oder die Darstellerin »ein anderer oder eine andere wird« oder »in eine andere Haut schlüpft«.
Das »Aus-der-Haut-Fahren« wird in diesem WAY TO ACT beinahe wörtlich gelebt, so einschneidend ist die Veränderung, die sich bei den Betreffenden, die bis hin zu einem veränderten Selbstgefühl geht, vollzieht.
Indem mental eine bestimmte Vorstellung, ein inneres Bild vom eigenen Körper, dessen Erscheinungsbild und dessen Bewegungsformen besteht, werden die entsprechenden

Muskelpartien unterschiedlich intensiv genützt, wodurch

sich der Körper so formt, wie ihm das Gehirn unbewußt angibt.

Im Alltag (er-)leben Frauen METAMORPHOSIS in der Schwangerschaft, sobald die physiologische und hormonelle Umstellung einsetzt und sich Körper und Bewußtsein verändern.

Typische Vertreter

Robert de Niro, Donald Sutherland, Marlon Brando, Cat Stevens alias Vusuv Islam

Entspricht mein innerer Antrieb diesem WAY TO ACT?

Diesem Typus ist es möglich, aus dem Unterbewußtsein heraus und je nach innerem Befinden die Kleidergröße rapide verändern zu können. Wenn Sie sich als ausgeprägten Psychosomatiker einstufen, der seinen Körper stark beeinflussen kann, dann sind Sie in diesem WAY TO ACT gut aufgehoben.

Die Stärken dieses WAY TO ACT

Mit diesem WAY TO ACT gelingt es, seine Ich-Strukturen aufzubrechen und verschiedene Persönlichkeiten oder Identitäten anzunehmen. Die Veränderung findet bis ins eigene Ich-Bewußtsein statt. Indem frau/man aus allen Quellen unbeschränkt Ausdruckselemente aufsaugt, erhält frau/man ein unbegrenztes Repertoire an Aktionsrahmen, ohne sich in der verwirrenden Persönlichkeitsvielfalt zu verlieren.

Das Training zur Umsetzung dieses WAY TO ACT

Stellen Sie sich vor, daß Sie bestimmte Eigenschaften und Wesenszüge bereits besitzen, und tun Sie so, als hätte sich Ihr Wesen bereits dahin verwandelt. Wenn Sie sich attraktiv und dynamisch fühlen, dann steht Ihnen die Lebensfreude bald ins Gesicht geschrieben.

Wo spiele ich diesen WAY TO ACT erfolgreich aus?

Mit METAMORPHOSIS sind Sie überall dort erfolgreich, wo extreme Anpassung oder nahtloses Einfügen in eine andere Kultur und Mentalität erforderlich ist.
So einer Situation ausgesetzt war Tracy, 27, Dr. jur. Sie wurde als leitende Angestellte einer amerikanischen Bank nach Japan versetzt. Obwohl sie Sprache und Sitten des Landes lernte, konnte sie die Einstellung und daher die Entscheidungen ihrer japanischen Geschäftspartner nicht immer nachvollziehen.
Erst als sie sich diese Kultur verinnerlichte und die Lebensform der Söhne und Töchter Nippons angenommen hatte, konnte sie ihr Unternehmen erfolgreich repräsentieren.

Wenn METAMORPHOSIS übertrieben wird

In der Übertreibungsform wird der Körper als fremdes Objekt betrachtet. Das könnte bis zur Depersonalisation führen. Das eigene Körperempfinden ist praktisch aufgehoben, man hat sich vom eigenen Körper vollkommen losgelöst.

Positives Erleben

Die eigene Identität abstreifen können, sich von der eigenen Identität loslösen. Erweiterte Auswahl an Persönlichkeitsmustern. Bei Schmerzen sich aus dem Körper wegdenken zu können.

Negatives Erleben

Kein Selbstgefühl mehr besitzen, sich absichtlich entstellen oder verstümmeln, sich von sich selbst entfremden. Die Ich-Identifikation verlieren.

Wer mit wem?

Gutes Auskommen findet METAMORPHOSIS mit BEHAVIOURISTICS, da beide große Anpassungsfähigkeit im sozialen Bereich besitzen.

Nicht ideal hingegen ist die Verbindung mit LIFELIKE, die beiden WAYS TO ACT ähneln einander zu sehr. Es besteht die Gefahr zu geringer Abgrenzung und gegenseitiger Verschmelzung.

Lifelike
oder die Kunst,
privat zu sein

Mag. Robert K. ist Klavierlehrer. Den ganzen Tag über kommen und gehen SchülerInnen in seine Privatwohnung. Gegen Mittag passiert es häufig, daß es an seiner Wohnungstür klingelt und ein Schüler früher als vereinbart eintrifft. Manchmal ist Robert K. noch bei Tisch oder mit dem Geschirrabwaschen nicht fertig. Trotzdem läßt er sich bei diesen privaten Tätigkeiten nicht stören und verhält sich so, als ob er alleine oder mit einem sehr guten Freund zusammen ist.

Was spricht aus LIFELIKE?

Man/frau läßt den *Klang der Stimme* hören und das *unverkennbare Lachen*. Wer jemanden mit den Augen berührt, *schenkt* ihm *einen Blick*.
Seinen *Daumenabdruck* hinterlassen, heißt, eine individuelle Spur zu setzen. Der *spontane Handgriff* ist die reflexartige Bewegung, die einer bestimmten Persönlichkeit zu eigen ist. Den inneren Rhythmus mit dem persönlichen Timing in Einklang zu bringen führt zur *Selbstsynchronisation*.

»Das Schweigen der Lämmer« (USA, 1991):
Clarisse Starling (Jodie Foster) ist eine junge Agentin beim FBI. Gleich in einem ihrer ersten Fälle soll sie bei der Aufklärung einer mysteriösen Mordserie an jungen Frauen mitarbeiten. Sie wird zu Dr. Hannibal Lekter (Anthony Hopkins)

geschickt, einem inhaftierten psychopathischen Serien-mörder mit kannibalistischen Tendenzen. Als ehemaliger Psychiater besitzt er jedoch geniale Fähigkeiten, zu kombinieren und Motive anderer psychopathischer Serienmörder zu finden. Clarisse steht Hannibal Lekter, nur durch eine Glaswand getrennt, gegenüber und versucht, ihn zur Mitarbeit zu bewegen. Dr. Lekter ist nur dann gewillt, sie zu unterstützen, wenn sie im Gegenzug Details aus ihrem Leben preisgibt. Man sieht es Clarisse Starling an, wie sie zwischen Geben und Nehmen taktiert, dabei ist sie sich dessen bewußt, daß sie selbst immer mehr zur Gefangenen des Psychiaters wird. In ihrem Gesicht spiegeln sich Furcht und Argwohn ihrem Gegenüber, Dr. Lekter, wider und die Angst, sich unfreiwillig dem »Therapeuten« auszuliefern. Gleichzeitig werden ihre Augen immer mehr zum Spiegel ihrer Seele, in dem die Sehnsucht steht, endlich eigene traumatische Erlebnisse abwerfen zu können. Im Zwiege-spräch kollidieren ihre Gefühle mit scharfsinniger Kombina-tionsgabe.

Quelle und Verlauf

Dieser WAY TO ACT zeichnet sich durch eine besondere Dichte an Cues aus der Individualebene aus. Es ist der WAY TO ACT, in dem der persönliche Duktus am meisten zur Geltung kommt.

Es spielen daher der Blickkontakt, der »Eye-Appeal« (die Augen gelten bekanntlich als das intimste Kontaktorgan überhaupt) und die Hände als Hauptträger individueller Merkmale eine besonders große Rolle. (Wer je einen Blick in eine anatomische Abteilung geworfen hat, weiß, daß vor allem der Kopf und die Hände die Persönlichkeit eines Menschen wiedergeben.)

Ebenso hat die Blicktiefe, mit der Nähe und Distanz gesteuert werden, in diesem WAY TO ACT vorrangige Bedeutung.

Weiters kommen hier alle Spontanzeichen zum Tragen, also die Gesten und mimischen Reaktionen, die für den einzel-

nen charakteristisch sind. Diese Zeichen sind nicht allgemein verfügbar und daher auch nicht (im Gegensatz zu allen anderen WAYS TO ACT) in umgangssprachlichen Redewendungen beschreibbar.

Für Schauspieler gilt, daß die Rollenfigur in LIFELIKE am dichtesten an die Schauspielerpersönlichkeit, an das eigene »Ich« herankommt.

Dieser WAY TO ACT braucht die Unverwechselbarkeit der Persönlichkeit, damit maximale Individualität und Intensität zum Ausdruck kommen, und schafft dadurch die Unverwechselbarkeit eines »Stars«. Hier entsteht die größte Dichte, es kann jene (Bühnen-)Präsenz geschaffen werden, die am intensivsten berührt.

In diesen »Augenblicken« kommt das Phänomen der Empathie, des Mitfühlens durch Einfühlung, besonders zum Tragen.

Typische VertreterInnen

Jodie Foster, Romy Schneider, Silvius Mangano, Christopher Reeve (nach seinem Unfall im Rollstuhl sitzend)

Entspricht mein innerer Antrieb diesem WAY TO ACT?

Ihr Antrieb entspricht diesem WAY TO ACT, wenn Sie sich Ihrer selbst so sicher sind, daß Sie sich auch in Ihrem privaten Alltagsverhalten ohne Scheu über die Schultern blicken lassen können. Sie akzeptieren sowohl Ihre positiven wie negativen Eigenschaften und machen weder sich selbst noch jemand anderem etwas vor.

Sie gehen gerne nah an andere Menschen heran, nähern sich ihnen dabei aber respektvoll.

Die Stärken dieses WAY TO ACT

Wenn Sie in diesem WAY TO ACT agieren, können Sie sehr nahe an andere Menschen herankommen, ohne deren Intimitätsgrenzen zu überschreiten. Das können Sie durch körperliche Nähe erreichen oder mit Hilfe des Augenkontaktes.

Vor allem über den Eye Appeal entsteht auch der intensive Selbstausdruck, der unmittelbar und direkt die momentane Befindlichkeit, und zwar ohne interpretierende Gedanken, wiedergibt. LIFELIKE ist jener WAY TO ACT, bei dem die Individualebene am stärksten zum Ausdruck kommt. Da man bei diesem WAY TO ACT besonders viele Signale aus der Individualebene verwendet, kann der/die KommunikationspartnerIn nicht auf ein bekanntes Personenschema zurückgreifen. Letztere/r muß sich bei jedem LIFELIKE auf die individuellen Besonderheiten einstellen, was die Begegnung auch besonders interessant macht.

Das Training zur Umsetzung dieses WAY TO ACT

Suchen Sie bei einem Gespräch bewußt den Augenkontakt mit Ihrem Gegenüber. Machen Sie sich keine unnötigen Gedanken über die Situation, über sich selbst oder über Ihre GesprächspartnerIn, sondern lassen Sie nur diesen Augenblick in Ihr Bewußtsein dringen.

Wo spiele ich diesen WAY TO ACT erfolgreich aus?

Mit Hilfe des LIFELIKE gelingt es, kommunikative Barrieren zu brechen. Fakten werden dem Gesprächspartner so berichtet, als würde man sie einem guten Freund erzählen. Eine mir bekannte Architektin wendet in der Planungsphase

der Arbeit mit ihren Kunden diese Strategie zielführend an. Sie bringt ihre Kunden dazu, ihre wirklichen Vorstellungen eines »Traumhauses« auszusprechen. Der Kunde überwindet seine rationale Distanz und stellt sich emotional vollkommen auf dieses Projekt ein. So kommt es zu einer fruchtbaren Zusammenarbeit, und die Architektin kann eine Reihe von zufriedenen Kunden aufweisen.

Wenn LIFELIKE übertrieben wird

Übertriebenes LIFELIKE kann als eigenbrödlerisch und verschroben interpretiert werden. Böse Zungen könnten behaupten, daß derjenige »die Lebensweisheit mit dem Löffel gefressen« hat und seine Umgebung zwangsbeglücken will.

Positives Erleben

Gegenwartsorientiert, gedankenfreies Bewußtsein, im Augenblick lebend und ruhend, losgelöst und nicht anhaftend, sich natürlich geben, radikal individualistisch, abgeklärt sein.

Negatives Erleben

Respektlos, aufdringlich, rechthaberisch, egoistisch, auf dem hohen Roß sitzen, sich gehen lassen.

Wer mit wem?

Gutes Verstehen ist mit LADY- & GENTLEMANLIKE gegeben, denn beide wissen den Respektabstand zu wahren.
Nicht ideal hingegen ist die Verbindung mit dem OVER-SEXED-Typus in der negativen Version. Dieser wirkt für LIFELIKE zu übertrieben und vulgär.

Inside Out
oder die Kunst, sich zu offenbaren

Argentinien, April 1977. In dem südamerikanischen Land regiert mit eiserner Faust eine Militärjunta. Menschen, die das Regime kritisieren, werden eingesperrt oder verschwinden spurlos.
Auf der Placa de Mayo in Buenos Aires finden sich seit einiger Zeit immer am gleichen Wochentag die Mütter solcher verschwundener Personen ein. Sie tragen als äußeres Zeichen weiße Kopftücher. In dem Bewußtsein, nichts mehr verlieren zu können, trotzen sie den Einschüchterungsversuchen des Regimes und bringen lautstark und hemmungslos ihre Verzweiflung zum Ausdruck. Diese Protestbewegung gewinnt als gewaltfreier Widerstand in der ganzen Welt Aufmerksamkeit.

Was spricht aus INSIDE OUT?

Entfesselt sein heißt, herumzuwirbeln und einen Raum durch die Bewegung einzunehmen. Über die Rezipienten ergießt sich ein Schwall von Gefühlen. Ansteigende Musiktonleitern werden benützt, um sich hochzujubeln und in Hochstimmung zu versetzen.
Die Nervenfasern sind zum Zerreißen gespannt, man/frau spürt die eigene Energie vom Scheitel bis zur Sohle, von den Fingerspitzen bis unter die Haarwurzeln. Wenn man/frau sich bis zur völligen Erschöpfung verausgabt, werden die letzten Energiereseven mobilisiert.

»Mephisto« (Österreich /Ungarn, 1981):
Hendrik Höfgen (Klaus Maria Brandauer) probt den »Can-can« mit der Ballettruppe seines Theaters. Er verfolgt die Tänzerinnen vom Bühnenrand aus. Sie werfen die Beine hoch und schwingen die Röcke nach Leibeskräften. Höfgen geht mit dem Takt mit, die Mädchen sind ihm zu langsam und schwerfällig. Er beginnt sein Corps de Ballett zu dirigie-ren. Exaltierte Arm- und Beckenbewegungen sollen »seine« Damen in Schwung bringen. »Aus, aus! Das ist ja kein Trau-ermarsch«, ist es ihm immer noch zu langsam. Jetzt zeigt er selbst, was er sich unter einer Revuenummer vorstellt. Völ-lig von der Musik mitgerissen wirbelt er zwischen den hoch-geworfenen Beinen und Röcken umher. Entfesselt läßt er seiner Erregung freien Lauf, erruptiv bricht ein Gefühls-schwall hervor und zeigt die Leidenschaft, die er bei den Tänzerinnen vermißt hat. Völlig in Ekstase fegt er über die Bühne, in fast schmerzhafter Verzerrung stellt sein Mienen-spiel die innere Explosion zur Schau.

Quelle und Verlauf

Dieser WAY TO ACT ist unter dem Gesichtspunkt: »man/frau zeigt sich« im Sinn »man/frau bekennt sich zu etwas« zu ver-stehen. Eruptive Gefühlsausbrüche sind für INSIDE OUT charakteristisch, es wird durchaus ein katharischer Effekt, die innere Reinigung durch das Ausleben von Affekten, angestrebt.
Diesen WAY TO ACT auszuleben bedarf insofern eines gewissen Fingerspitzengefühls, als die illegitime Zurschau-stellung von Gefühlen im Alltag Sanktionen unterworfen ist.
Im kunstgeschichtlichen Bereich gehört der Wiener Aktio-nismus der 70er Jahre in diese Kategorie, der – schlagwort-artig formuliert – die persönliche Befreiung und das Entklei-den aus gesellschaftlichen Zwängen zum Ziel hatte.

Typische VertreterInnen

Klaus Maria Brandauer, Liza Minelli, Harvey Keitel, Oskar Werner

Entspricht mein innerer Antrieb diesem WAY TO ACT?

Emotionales Erleben ist bei Ihnen so intensiv, daß Sie das Gefühl haben, es zerreißt Sie förmlich. Ihre Energie wird durch ein Übermaß an Gefühl gespeist. Sie haben oft das Bedürfnis, diese überschüssige Energie abzubauen.

Die Stärken dieses WAY TO ACT

INSIDE OUT erlaubt es, ohne Zurückhaltung sein Innerstes nach außen zu kehren. Man/frau kann die höchste Erregung selbst herbeiführen und jede Körperfaser in höchster Intensität und Anspannung spüren.
Emotionale Grenzen werden gesprengt, man/frau erlegt sich keinerlei Schranken auf. Leidenschaften lassen sich ungebremst ausleben. Emotionen brechen eruptiv hervor, was mit ausdrucksstarken Körpersignalen einhergeht. »Blut, Schweiß und Tränen« können buchstäblich zum Fließen gebracht werden.

Das Training zur Umsetzung dieses WAY TO ACT

Spielen Sie Musik, singen und tanzen Sie bis zum Umfallen, steigern Sie sich in eine Extase – bis Sie allen Emotionen freien Lauf gelassen haben.

Wo spiele ich diesen WAY TO ACT erfolgreich aus?

Eine Sache, die emotionalen Wert hat, verlangt oft einen emotionalen Appell. Die Notwendigkeit raschen Handelns wird durch INSIDE OUT auf der Gefühlsebene hervorgerufen.

Jemand der verstand, seine Mitmenschen von der Notwendigkeit karitativen Verhaltens zu überzeugen, ist Karlheinz Böhm.

Aus einer persönlichen Lebenskrise heraus stellte er seine eigene Verzweiflung dem Elend hungernder Menschen in Äthiopien gegenüber. Seine leidenschaftlichen Aufrufe verhallten vor allem in Österreich und Deutschland nicht ungehört. Eine Welle der Hilfsbereitschaft wurde ausgelöst. Heute zählt die von Karlheinz Böhm gegründete Organisation »Menschen für Menschen«, die sich dem Kampf gegen den Hunger in Afrika verschrieben hat, zu einer der größten und effizientesten Hilfsorganisationen der Welt.

Wenn INSIDE OUT übertrieben wird

Wird INSIDE OUT in übertriebener Art und Weise eingesetzt, kann es zu einem jähzornigen, unbeherrschten Verhalten führen. Bei jeder Kleinigkeit wird das eigene Faß zum Überlaufen gebracht, man/frau gibt sich rücksichtslos und stellt ein manisches Verhalten zur Schau. Wenn die innere Ordnung verloren geht, kommt es zu einer Katastrophenreaktion, man/frau rast »wie ein Berserker«.

Positives Erleben

Hoch emotional, ungestüm, konventionsfrei, impulsiv.

Negatives Erleben

Unbeherrscht, emotionaler Exhibitionismus, sich gehen lassen, hemmungslos, exaltiert.

Wer mit wem?

Ohne große Probleme verläuft die Kommunikation mit COMICS PLAYING, weil beide extrovertiert agieren.
Weniger günstig hingegen ist es, wenn INSIDE OUT und LADY- & GENTLEMANLIKE aufeinandertreffen. Dieser Typus könnte sich durch das affektbetonte Verhalten abgestoßen fühlen.

VIII
Strategie des Mythos

Moving Images

Nun sind wir nicht nur bei der letzten der Strategien der Selbstgestaltungen angelangt, sondern auch am Ende einer Skala von Persönlichkeitsformen. Sie hat uns von der Typisierung mittels klischeehafter Verhaltensmuster schrittweise, über das immer stärkere Betonen der eigenen Unverwechselbarkeit zur Individualisierung geführt.

Der letzte WAY TO ACT geht noch einen Schritt darüber hinaus. Er lehrt, über unmittelbar eigene Vorteile hinauszuwachsen und den persönlichen Nutzen ganzheitlichen Interessen unterzuordnen.

In der *Strategie des Mythos* finden sich sowohl materialistische Pop-Ikonen wie Madonna, als auch Menschen, die ihr persönliches Ego zugunsten des Gemeinwohls zurückgestellt haben.

Moving Images
oder die Kunst,
sich zu verströmen

Die eigenen Fähigkeiten und schließlich die gesamte Persönlichkeit in den Dienst einer Sache zu stellen ist unabhängig von Herkunft und Alter eine Frage der inneren Einstellung.

In vorbildhafter Weise hat sich die 27jährige ehemalige Mitarbeiterin der Caritas, Susanne Brezina, für die Flüchtlingshilfe in Ruanda engagiert. Ungeachtet persönlicher Motive, hat sie die Verbesserung der dortigen Lebensbedingungen zu ihrem Lebensinhalt erhoben. Den Bekanntheitsgrad, den sie dadurch erworben hat, hat sie bestenfalls in Kauf genommen, jedoch nie angestrebt. Die erzielten Erfolge hat sie nie persönlich für sich beansprucht. Ungeachtet dessen wird sie für ihre aufopfernde Tätigkeit als »Engel von Ruanda« bezeichnet.

Was spricht aus MOVING IMAGES?

Eine *Wellenlänge auszusenden* bedeutet, höchste Schwingungsfrequenz auf der Ebene des spirituellen Körpers auszustrahlen. *Auferstehen* heißt, eine Wandlung durchgemacht zu haben. Ein unsichtbarer Respektabstand, der auch eingehalten wird, macht man/frau *unantastbar*.
»To light up« gibt die Metabedeutung des Lichtes wieder und bedeutet Hoffnung bringen. *Sich verschenken* ist die letzte Stufe des Individuationsprozesses in Form der All-Liebe.

»Say good-bye to the President«, *TV-Dokumentation über Marilyn Monroe:*
In einem Ausschnitt wird der letzte öffentliche Auftritt Marilyn Monroes auf der Geburtstagsfeier des Präsidenten John F. Kennedy gezeigt. Peter Lawford kündigt sie als eine der größten weiblichen Stars im Showbusiness an. Ein erwartungsvolles Raunen geht durch das Publikum. In diesem Augenblick sind in einem gleißenden Lichtkegel die Umrisse Marilyn Monroes zu erkennen. Sie betritt in einem sterneglitzernden Kleid, umhüllt von einer weißen Pelzstola, das Podium. Ihre Blicke versetzen das Publikum in Verzükkung. Applaus, die Menge hält entzückt den Atem an. Eingehüllt in einem Lichtschein haucht Marilyn »Happy Birthday« ins Mikrophon. Schemenhaft zeichnen sich ihre fließenden Bewegungen vor dem nachtschwarzen Hintergrund ab. Das Publikum ist verzaubert.

Quelle und Verlauf

MOVING IMAGES hat zwei Erscheinungsformen. Auf der einen Seite steht die »materialistische« Ausprägung. Dazu zählen Pop-Ikonen wie Madonna, die mit ihrem Song »Material Girl« dieses Faktum ja auch direkt an- und ausspricht. »Idealistisch« steht auf der anderen Seite: »Menschen, die von der Masse angebetet werden, fesseln die kollektive Phantasie oder sind in der Lage, Bewegungen oder Energien, die gerade in der Gesellschaft wirksam sind, zum Ausdruck zu bringen. Es gibt viele interessante Beispiele: z. B. Karl Marx, dessen bloßer Name eine ganze Lebensphilosophie und eine wichtige Epoche der Geschichte evoziert und der die Vision vom idealen kommunistischen Staat hatte. John F. Kennedy, der als Präsident die Verkörperung eines neuen Amerika-Bildes war und von vielen als Held verehrt wurde. In gewissem Sinne gaben beide, Marx und Kennedy, ihre persönliche Identität auf, um etwas, das größer war als sie selbst, zu repräsentieren – die Sehnsucht der Massen nach Erlösung.« (Markus Fabian, 1992)

Beide Erscheinungsformen, materialistisch und idealistisch, folgen demselben Prinzip, wenn auch in entgegengesetzter Weise. Man/frau kann sich Reichtum und Ruhm ebenso verschreiben (bzw. ihnen verfallen) wie einer Idee.

Ähnlich wie »Luzifer« (»der gefallene Engel«) sowohl der Name des Teufels, aber auch die Bezeichnung für den Morgenstern ist, sind »Licht« und »Liebe« die Schlüsselbegriffe, die sowohl für die positive als auch die negative Ausprägung des Mythos gelten. Licht kann sowohl erleuchten als auch blenden. (Materieller Glanz kann blind machen für andere Werte.) Erleuchtete werden bekanntlich mit einem Heiligenschein, dem Lichtschein, der sie umgibt, dargestellt. Das englische »to light up« als auch der Begriff »translucens« (hell, durchscheinend) drücken diese Doppelbedeutung sehr gut aus.

»Stars« (strahlende Sterne) befinden sich im Zustand der Liebe, ehe sie idealisiert und schließlich mythisiert werden. Vor einem Konzert Michael Jacksons konnte man weibliche Fans in der Vorhalle seines Hotels beobachten, wie sie – hübsch zurechtgemacht wie für ein Rendezvous – quasi als potentielle Liebespartnerinnen auf ihr Idol warteten.

Der »Star« verkörpert den Zustand der Liebe, indem er einen Teil von sich selbst gibt. Schleudert er sein getragenes T-Shirt in die Menge, erhalten diese Kleidungsstücke denselben Stellenwert wie Devotionalien oder Reliquien von Heiligen. Aber die »Stars« nehmen auch, indem sie ihren VerehrerInnen wie in einer Liebesbeziehung »Blicke rauben«.

Mythen werden angebetet, vergöttert und verehrt.

So wie der Olymp der Sitz der Götter war, haben auch die Mythen ihre Kultstätten. Elvis Presleys »Graceland« ist dafür nur ein Beispiel.

Nach wie vor zählen (Kult-)Gegenstände mit dem Bild von Elvis Presley oder Marilyn Monroe zu den begehrtesten Souvenirs in Hollywood.

Sie gehören zweifellos zu den ewigen Mythen, wie auch Humphrey Bogart oder James Dean, wobei ein früher Tod ihnen »ewige Jugend« verliehen hat. Götter altern bekanntlich nicht.

Mythen, die nicht auf einer Idee basieren, keine Visionen

wie Martin Luther King haben, sind darauf angewiesen, sich
ständig zu erneuern. Die Metamorphosen Madonnas, ihre
ständig wechselnden Erscheinungsbilder, sollen sie davor
schützen, sich im Medienkonsum zu rasch abzunützen,
denn hohle Mythen sind vergänglich.

Gegenwärtige Mythen sind eher in der Pop-Welt als im Film
zu finden, der seine »Stars« zu lebensnah oder überprä-
gnant darstellt, als daß eine Idealisierung erfolgen würde.
Heute zählen die Beatles oder Rolling Stones zu den
Mythen, Prince versucht diese Sichtweise als »Symbol« seinen Fans nahezulegen. Sean Connerys Auftritt in »Robin
Hood« läßt sich durchaus als mythisches Ereignis beschreiben, und für manche mag der Papst zu Beginn seiner Amts-
periode diesen Status eingenommen haben.

Durch das veränderte Frauenbild ist die Verehrung, die
Marilyn Monroe damals entgegengebracht wurde, heute
nur mehr schwer nachzuvollziehen. Trotzdem ist diese Verkörperung unschuldiger Sinnlichkeit unerreicht.

Damals hat man sich mehr mit dem Leben der Idole identifiziert, während heute kaum jemand beispielsweise Michael
Jacksons Leben ersehnt, sein musikalisches Schaffen
aber leidenschaftlich verehrt wird. Stars ersetzen und ermöglichen teilweise auch Rituale in einer Zeit, in der familiä-
re und religiöse Rituale zusehends an Bedeutung verlieren.

Typische VertreterInnen

Marilyn Monroe, J.F. Kennedy, Martin Luther King,
Rigoberta Manchu

Entspricht mein innerer Antrieb diesem WAY TO ACT?

Demut und ein spiritueller Glaube sind für Sie entscheidende Antriebskräfte in Ihrem Leben. Sie spüren eine starke
Leidens- und Liebesfähigkeit.

Mit großer Aufopferungsbereitschaft stellen Sie Ihr Tun in den Dienst der Mitmenschen, ohne besonderen Dank von Ihnen zu erwarten. Sie sind bereit, Ihr Schicksal und das, was Ihnen begegnet, vorurteilslos anzunehmen.

Die Stärken dieses WAY TO ACT

Sich zu etwas Über-Menschlichem zu veredeln (durch Personifizierung allgemeingültiger Ideale).
Neue Ideen werden in die Welt gesetzt, ein Quantensprung oder ein Paradigmenwechsel herbeigeführt.
Im Mittelpunkt steht oft der Versuch, die Welt zum Besseren zu verändern, sei es im Bereich der Ökologie, der Ökonomie oder der gesellschaftlichen Wertvorstellungen.

Das Training zur Umsetzung dieses WAY TO ACT

Diesen WAY TO ACT kann man nicht im herkömmlichen Sinn trainieren, man kann nur eine innere Entwicklung forcieren. Als Leitmotiv mag der Satz Viktor Frankls gelten, daß »das Tor zum Glück nur nach außen aufgeht«.

Wo spiele ich diesen WAY TO ACT erfolgreich aus?

In diesem WAY TO ACT fragt man nicht mehr nach dem persönlichen Nutzen, sondern ist bestrebt, seine Aufgaben bestmöglich zu erfüllen. Man/frau akzeptiert seine/ihre Berufung und die damit verbundenen Bürden. Sein/ihr Leben ist damit erfüllt. Die Freude, in Demut einer Idee zu dienen, findet ihre Entsprechung.
In diesem WAY TO ACT läßt sich »Erfolg« nicht mehr im herkömmlichen Sinn messen. Es gehört dazu, daß die eigene Mythisierung von einem selbst nicht mehr beeinflußbar ist.

Wenn MOVING IMAGES übertrieben wird

Übertrieben ist MOVING IMAGES, wenn eine Idee mit Gewalt und ohne Rücksicht auf Verluste und andere Interessen durchgesetzt wird. Andere zu ihrem Glück zu zwingen wäre ebenfalls eine falsche Auslegung des vermeintlichen Antriebs. Wenig zielführend ist es auch, menschliche Bedürfnisse in falsch verstandener Askese den Idealen zu opfern und zu unterdrücken. Ebenso führt jede Art von Personenkult (sich anbeten lassen) in die falsche Richtung.

Positives Erleben

Humanitär eingestellt, nicht egoistischen und egozentrischen Bedürfnissen unterworfen sein; menschenliebend, nicht dem Ego dienend; für eine Idee leben, ohne fanatisch zu sein; durchs Leben gleiten, annehmend, visionär, würdevoll, dienend.

Negatives Erleben

Fanatisch, eifernd, abgehoben, welt- und realitätsfremd, übertrieben missionarisch, diktatorisch.

Wer mit wem?

MOVING IMAGES verträgt sich mit jedem anderen WAY TO ACT, weil man/frau bereits über sich selbst hinausgewachsen ist. Dieser Typus hat Verständnis für alle Formen menschlichen Verhaltens und nimmt alles und jeden wertfrei in dessen Sein an.

Mein Team

Die einzelne ist immer nur so erfolgreich wie das Team, das einen unterstützt. Ich möchte daher an dieser Stelle all jene anführen, die in der Vergangenheit, Gegenwart und hoffentlich auch in der Zukunft mich ein Stück auf meinem Lebensweg begleiten.

Wolfgang *Bernhard*, Mag. phil, Mitglied der CommEnt Consulting Group, der mir in Fragen der Weiterentwicklung und Reflexion ein entscheidender Gesprächspartner ist.

Ulf *Birbaumer*, Univ.-Prof., der als Betreuer meiner Diplom- und Doktorarbeit mir die Freiheit gegeben hat, ohne Schranken weiterzudenken.

Gabriele *Brandner*, meiner langjährigen Freundin und erfolgreichen Kinderbuchautorin, die meine Schachtelsätze korrigiert und darauf geachtet hat, daß nicht fünf verschiedene Gedanken in einem Satz vorkommen, und die versucht hat, mir das Beistrichsetzen beizubringen.

Stefan *Lorenzoni*, meinem Cousin, der als Grafiker und Fotograf alle visuellen Teile dieses Buches mit viel Geduld und Sorgfalt gestaltet hat.

Christian *Mikunda*, Dr. phil., Gründer der CommEnt Consulting Group Wien, der mich lange Zeit in meinen Gedanken wesentlich unterstützt und gefördert hat.

Marc *Miletich*, der als mein erster Auftraggeber mir die Zuversicht für einen Neubeginn gegeben hat.

Renate *Schleder*, cand.phil., meiner lieben Freundin und Studienkollegin, die immer ein offenes Ohr für sämtliche meiner Probleme hatte und die als Erstleserin unermüdlich offene Fragen mit mir durchdiskutiert hat. Außerdem hätte

ich ohne sie bis heute weder Kacheln in der Küche noch irgendeine Deckenbeleuchtung in meiner Wohnung.
Mona *Schubert*, Dr. phil., meiner lieben Freundin und Studienkollegin, die »Feuerwehr« gespielt hat, wenn wieder ganz dringend etwas abzutippen war oder sonstige Hilfe gebraucht wurde.
Denise *Schulz*, Mag. phil., Mitglied der CommEnt Consulting Group, selbst Autorin und Beraterin, mit der ich mich gegenseitig beim Schreiben animiert habe und die mir einige Facetten meines Computers erklärt hat.
Christoph *Stieg*, Gründer und Geschäftsführer von perfect training (Wien, Nürnberg) und Mitglied der CommEnt Consulting Group, der mir in Fragen der Organisation und des Managements mit viel Geduld und Energie zur Seite steht.

Abschließend möchte ich noch Herbert *Timmermann*, Dr. phil., als Vertreter des PM für Wissenschaft und Kunst für seine entgegenkommende Unterstützung danken.

Informationen über Beratungen erhalten Sie über folgende Adresse:

CommEnt Consulting Group
Arsenal Objekt 3, A-1030 Wien
Telefon 0043 1 7999362, Telefax 0043 1 7985727
e-mail: blorenzoni @ comment. co.at

Literaturverzeichnis

Bettelheim, Bruno: »Kinder brauchen Märchen«, Stuttgart 1977

Collett, Peter: »Der Europäer als solcher...«, Hamburg 1994

Dahrendorf, Ralf: »Homo Soziologicus«, 1964

Ebeling, Ingelore: »Masken und Maskierung«, Köln 1984

Flusser, Vilém: »Gesten«, Düsseldorf und Bensheim 1991

Goffman, Erving: »Stigma«, Frankfurt/Main 1967

H. Legewie/W. Ehlers (Herausgeber): »Knaurs moderne Psychologie«, München 1992

Lewis, Jerry: »Wie ich Filme mache«, 1971

Lowen, Alexander: »Bioenergetik«, Reinbek 1988

Miller, Alice: »Das Drama des begabten Kindes«, Frankfurt 1979

Morris, Desmond: »Körpersignale«, München 1986

Neisser, Ulrich:« Kognition und Wirklichkeit«, 1979

Scherer/Wallbot (Herausgeber): »Nonverbale Kommunikation«, Weinheim und Basel 1979

Schuster, Martin: »Wodurch Bilder wirken«, Köln 1992

Seeßlen, Georg: »Klassiker der Filmkomik«, Schondorf 1982

Truffaut, François: »Die Filme meines Lebens«, München/ Wien 1979

Wex, Marianne: »Weibliche und männliche Körpersprache als Folge patriarchaler Machtverhältnisse«, Frankfurt/Main 1980

Winkler, Eike/Schweikhardt, Josef: »Expedition Mensch«, Wien/Heidelberg 1982

Wittmann, Ulla: »Ich Narr vergaß die Zauberdinge«,
Interlaken 1985
»Zeit-Magazin«, Nummer 13, 24.03. 1994, 49. Jahrgang

»Prothesenschmuck«: Idee: Brigitta Lorenzoni,
Entwurf & Ausführung: Brigitte Verena Meister, Wien
1992